成思建言录

郑成思　著

周　林　编

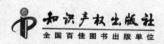

知识产权出版社
全国百佳图书出版单位

内容提要

　　本书汇编了郑成思先生在中国社会科学院有关信息交流平台上发表的32篇文章，反映了郑成思先生在给国家建言献策方面的贡献。

责任编辑：龙　文　　　　　　责任出版：卢运霞

图书在版编目（CIP）数据

成思建言录/郑成思著；周林编 . —北京：知识产权出版社，2011. 10

ISBN 978 – 7 – 5130 – 0883 – 9

Ⅰ.①成…　Ⅱ.①郑…②周…　Ⅲ.①知识产权 – 中国 – 文集

Ⅳ.①D923.404 – 53

中国版本图书馆 CIP 数据核字（2011）第 206477 号

成思建言录

Chengsi Jianyan Lu

郑成思　著

周　林　编

出版发行：**知识产权出版社**

社　　址：北京市海淀区马甸南村1号　　　　邮　　编：100088

网　　址：http://www.ipph.cn　　　　　　邮　　箱：bjb@ cnipr. com

发行电话：010 – 82000860 转 8101/8102　　传　　真：010 – 82005070/82000893

责编电话：010 – 82000860 转 8123　　　　责编邮箱：longwen@ cnipr. com

印　　刷：北京富生印刷厂　　　　　　　　经　　销：新华书店及相关销售网点

开　　本：880mm ×1230mm　1/32　　　　印　　张：5. 5

版　　次：2012 年 1 月第一版　　　　　　印　　次：2012 年 1 月第一次印刷

字　　数：100 千字　　　　　　　　　　　定　　价：20. 00 元

ISBN 978 – 7 – 5130 – 0883 – 9/D · 1338（3769）

学以致用 一心为国

——《成思建言录》编辑点滴

周 林

郑成思先生生前是我国著名知识产权法专家，同时，他还是一位知识渊博、创作丰富、讲真话的知识人。作为专家和知识人，他对我国建设的贡献，可以从几个方面来看。首先，他曾担任全国人大法律委员会委员，直接参与有关法律的制订和修订工作；第二，他长期担任中国社科院研究生院教授，教书育人，著述颇丰；第三，作为中国社科院的研究员，他利用出访、讲学、参加国际学术会议、参加有关国际谈判的机会，积极获取信息，并将有关信息进行比较分析、系统研究，写出了一批高质量的报告，给国家建言献策。

本书所要反映的是郑成思先生在给国家建言献策这个方面的贡献，主要收录了郑先生在中国社科院有关信息交流平台上发表的 32 篇文章。这些文章发表的时间远的已近 20 年，近的也已经过了 5 年。对于郑成思先生早已发表过的作品，现在拿来编辑出版，意义何在？作为本书编者，需要在这里向读者说明。

中国社会科学院的基本定位之一是党中央、国务院的思想库、智囊团。社科院的研究人员，可以利用院内特有的信息渠道，在有关信息交流平台，及时地将自己在日常研究、讲学、外访、参加与国家职能部门有关的咨询活动中的所思所想，以情况反映、研究报告、立法建议等形式，给国家建言献策。这不是一般的学术活动，也不是一般的讲学和咨询。有关建言，通常是针对涉及民众福祉和国家利益的某些重要事件，针对某些突出问题，由社科院研究人员撰写、发表的。这些建言，主要反映出建言者高度的职业敏感和对民众及国家的责任。

前面已经说过，郑成思先生具有人大代表、教授和研究员等多重身份。我们通过阅读郑先生生前出版的诸多著作可以了解他的学术思想，可是，对于郑先生作为社科院一名研究人员直接或者间接以及以何种方式给国家建言献策，我们也许知之不多。编辑本书的目的之一，就是希望读者能够从一个侧面看到，郑成思先生是如何履行作为国家智囊团中一名研究员的职责，作为一个有责任感、勇于担当的知识人给国家的法制建设提供过哪些建议，更为重要的是，透过郑先生的几十项建言，学习他作为一个公民和一个知识人，如何担负起对民众和国家的责任。

收入本书的 32 篇文章，是编者在今年 5 月集中一个月的时间，从中国社会科学院收集到的。另外有一篇"情况反映"，因为它仅仅涉及当时的一个偶发事件，没有收进来。从郑成思先生公开发表的论文、著作，以及从他作为人大代表或者在教授岗位上的发言或者演讲，我们或许曾经看到或者听到郑成思先生很多对策意见或者法律建议，其中一些意见或者建议，跟本书选录的建言内容相同或者相近。但是，发言或者演讲跟书面建言毕竟不同。建言所表达的内容更为及时、准确、精炼、正式。特别说明的是，本书中的建言仅仅是郑成思先生在中国社科院特定信息交流平台上发表的。它只是郑成思先生全部建言中的一部分。

郑成思先生的这些建言大体可分为两类，一类是针对特定部门（例如 1995 年发表的《建议有关部门系统了解关贸中的"知识产权协议"》），或者特定事项（例如 1996 年发表的《创我国名牌商标需制止反向假冒》），或者特定法律制度落实（例如 2006 年发表的《完善知识产权制度　落实知识产权执法》）而撰写的对策建议，一类是针对某个具体的法律（例如《物权法》、《著作权法》、《个人信息保护法》等），或者针对国外相关法律发展或动态，结合中国实际需要而提出的立法建议。这些建言当中还包括一篇对个案的监督——《"王码"专利是"优化五笔"而不是"五笔"本身，"联想"在"五笔"基础上的开发并非构成"侵权"》（1995 年），一篇关于司法审判制度改革的建言——《对民事审判制度改革的一点建议》（2000 年）。

郑成思先生建言的数量（收入本书的 1992～2006 年建言共计 32 篇）或许不算多，其篇幅也不算大，但是，如果我们细读这些"建言"，从中仍然可以感知郑成思先生生前学以致用、一心为国的拳拳之心。

例如，在 1992 年 1 月《中美知识产权谅解备忘录》签订以后，郑先生敏锐地意识到"在国际上可能产生连锁反应"。于是，他很快在 2 月份就发表了《我国参加有关知识产权国际公约后需要注意的问题及若干建议》。针对"欧洲经济共同体、日本乃至澳大利亚等西方发达国家也将提出与我签订同中美备忘录类似的双边条约"，郑先生认为"我不宜予以拒绝"，并具体阐明了理由，提出了在谈判中我方宜采取的相应对策和建议。

针对有些地方或部门，不加分析地将"建立了多少中外合资企业"作为衡量领导"政绩"的一个标准，有的领导只追求"建立合资"的数量，而不顾及后果，甚至在"合资"过程中为争取尽快被批准而与外方共同欺骗上级审批单位，最终自己也被外方欺骗，遭受巨大经济损失的情况，郑先生发表了《警惕建立合资企业中的中方国有知识产权流失》（1995 年）。郑先生列举"美加净"商标低价卖出、高价赎回的例子，对中外合资企业签订合同、国家工商总局商标局审查商标转让合同、涉及国计民生专利合同转让等过程中应注意的问题提出建议，"对不顾国家利益、不顾单位职工利益，甚至靠损害国家、单位有形及无形产权去追求可上报的"政绩"者，应追究其行政乃至刑事责任。"

在我国《物权法》起草过程中，郑成思先生先后发表了三篇"建言"——《我国应制定〈物权法〉还是〈财产权法〉?》（1996 年）、《关于制定"财产法"而不是"物权法"的建议》（2001 年）、《再谈我国应设立"财产法"而非"物权法"》（与薛虹合作）（2001 年）。这三篇"建言"集中反映了郑成思先生对我国制定《物权法》的观点。郑先生经过对德国、法国、日本、越南、我国台湾地区相关立法的比较，建议用"财产法"代替"物权法"，并阐明其"根本原因在于，物在财产中的比重已经很小，'物'又是一个缺乏弹性和延伸性的概念。如果以'物权'为起点立法，就会造成调整社会财富关系的基本法律却将社会财富的主要部分排除在外的结果。这种结果是完全不能被接受的。"虽然郑先生力主制订《财产权法》的建议最终没有被立法机关所采纳，但是，他的有关"建言"对人们认识、理解和执行《物权法》均有积极影响。

20 世纪末 21 世纪初，随着互联网技术的迅猛发展，电子商务在世界各国也快速发展起来，这给各国立法者也提出新的要求。郑成思先生敏锐地发现国家立法在这个方面的需求。他首先研究了美国、欧盟、日本、澳大利亚、新加坡在电子商务立法方面的最新动向，在 2000 年连续发表了 5 篇报告（与薛虹合作），将有关各国在电子商务立法方面的进展，提供给国家有关立法部门参考。针对新技术发展所提出的新的立法问题，郑先生发表了多篇"建言"，例如《应重视新技术的应用对我国立法的影响》（1997 年）、《采取有效措施解决"域名抢注"问题》（1997 年）、《应重视"网络法"的研究与立法》（1999 年）、《应尽快出台个人信息保护法》（2003 年）。

郑成思先生的建言，均来自于实践，言简意赅，切中要害，有些内容，对决策者产生影响，为国家立法部门所采纳。例如，针对有些外国企业，专门把质量高价格低的中国商品，抹去中国原有商标，换上它们的商标进入国际市场，打压中国名牌的情况，他经过认真研究，在《采取有效措施解决"域名抢注"问题》（1996 年）一文中，提出应借鉴国外立法中关于禁止"反向假冒"的经验，保护我国名牌。这个意见显然对立法机关产生影响，在 2001 年 10 月 27 日通过的新的《商标法》第 52 条中，第一次规定了关于反向假冒的条款。

郑成思先生一生勤奋、好学，著作等身，按照他对自己的要求，就是"不偷懒，不灰心"，他把民众福祉和国家利益与他的学术活动联系起来，在中国知识产权法学研究领域做出了重要的学术贡献。这些学术贡献与更多人的努力融合在一起，不断累积着知识大厦，成为人类文化遗产的一部分。郑成思先生的建言，有许多内容，已经直接或者间接地影响着决策者，为国家所用，化作具体的改进我们工作的措施，纳入立法的进程，使千千万万普通民众的生活有可能得以改善。社会的进步，民众福祉的增加，正是因为有许许多多像郑成思先生那样的公民和讲真话的知识人在。郑成思先生的建言或许可以成为一个范本，它教会我们如何敏于观察，勤于思考，行之于文，为国家建言献策。一个人只有不断通过自己的努力，把自己的知识积累、学术专长、人生阅历、思想境界跟改善民众福祉、推动国家进步的需要结合起来，他的知识创造才会更有意义。

2011 年 8 月

目　录

对策建议

立法建议

个案监督

审判制度改革建言

对策建议

我国参加有关知识产权国际公约后需要注意的问题及若干建议 （1992 年）

郑成思

一、《中美知识产权谅解备忘录》在国际上可能产生连锁反应。在 1992 年 1 月 17 日的中美备忘录中，我国对美作了一些知识产权保护的承诺。欧洲经济共同体、日本乃至澳大利亚等西方发达国家也将提出与我签订同中美备忘录类似的双边条约，对此我不宜予以拒绝。其原因是：我国正争取恢复在 "关税与贸易总协定"（GATT）中的席位，而该总协定的基本原则之一是 "无条件的最惠国待遇"。只要中国给了某一成员国某种较高水平的保护，就不能拒绝给其他成员国这种保护。因此，事实上我国对美国的承诺，在进入 GATT 后将不可避免地适用于其他国家。

我国如果简单地拒绝美国之外的重要对华贸易地区或国家的要求，从长远看没有必要，从近期看则可能损害我同这些国家的贸易关系。一旦这些地区或国家提出要求，我宜同意同它们进行双边谈判。我在谈判中应指出，对美承诺使中国增加了经济负担；而美方也至少承诺：

一是停止特殊 301 调查，二是支持我国恢复在 GATT 的席位。如与其他地区或国家签署相同备忘录，该国至少应承诺：①我国商品、劳务进入该国时，享有其他国家（韩国、原来东欧国家）享有的待遇；②支持恢复我国在 GATT 的席位。

总之，不要简单地拒绝或答应对美的承诺一概适用于其他要求享有该保护的国家，而要"讨价还价"，争取这次连锁反应的结果有利于促进我国进入 GATT。

二、我于 1993 年起对医药、化工品授予专利后，我国在这方面的发明亦应在国外受到保护。我国这类发明目前尚少，在一段时期内将主要保护外国人的此类发明专利。但对于我国有限的这类发明在外国可以获得的保护若不立即重视起来，则我们本来就不多的一点"所得"也会得不到，以致造成不应有的损失。

为此建议：①药政部门、化工部门及整个医药、化工界（包括科研、企业单位）进行有针对性的专利知识普及。例如，使发明人了解到：即使有中国不授予医药、化工品以专利时，《专利法》也不禁止就医药、化工品发明在中国专利局申请专利。首先在中国提出申请，有助于确立该发明在全世界的"优先权"，有助于该发明在外国获得专利。②从现在开始，凡中国发明人向中国专利局提出的此类专利申请，专利局一般不宜再以"本法不保护医药、化工品专利"为由驳回，而应等到 1993 年再论。药政局及化工部从现在起所掌握的这类国内发明，凡有必要取得专利保护的，均应主动建议发明人（单位）先申请专利，再投入生产，以免因发明人自己的行为而使发明丧失在国内外的专利。

三、由于版权（即"著作权"）的保护是自动发生，不需要申请或登记，应立即与各有关单位打招呼，尽量减少涉外侵权纠纷。从现在起必须使有关译者、作者、出版社、杂志社、电子计算机公司、软件公司等了解版权保护的含义。要使大家明白：过去那种不打招呼就使用他人作品（包括软件），用后不付酬的时代已经过去了。诸如"本公司提供 Apple 仿真软件，运行苹果机程序"之类的广告绝不应再出现。

今后使用外国作品应取得版权许可。有些市场销量不大的外国作品，其版权人在许可他人使用（例如翻译）时，未必要求支付报酬。但如果版权人确实要求支付报酬（一般均应支付"硬通货"）而使用人又无力支付，则只能停止使用，以免侵权。

应由版权管理机关或该机关指定的机构（如"版权代理公司"）帮助国内使用人确定被使用的外国作品的真正版权人，以免找错，以致虽履行了"许可"程序，又付了"报酬"，但仍旧发生侵权。在一般情况下，外国作品版权页上，与"作品出版年份"及"©"标记并列的，即版权人名称。

四、在版权领域，在我国参加《伯尔尼公约》后，对有些外国作品仍可自由使用（翻译、改编、复制、上演等等），既无需任何人许可，也无需向任何人付酬。主要有三类：

1. 版权保护制度产生前创作的作品。例如英国莎士比亚的作品。莎翁去世时，最早的英国版权法都未出现，它谈不上享有版权。

2. 曾享有版权，但目前已"进入公有领域"的作品。大多数国家及《伯尔尼公约》规定：版权有效期为作者有生之年加死后50年。过此时限，作品即进入公有领域，可自由使用。例如美国马克·吐温的作品即属这一类。

3. 《伯尔尼公约》与我国著作权法规定不予保护的作品。诸如法律、法规及其他具有立法、行政、司法性质的文件及其官方正式译文，均属这一类。

五、重视我国作品在国外应享有的版权保护。我国在工业、技术上，尚属不发达国家，但在文化艺术的一些领域中则是比较发达的。我国作品在国外也有被人复制、翻译、上演而未取得我国权利人许可、未向我国权利人付酬的情况。所以，建议成立较集中的、与国家版权管理机关联系较密切的涉外版权代理机构，帮助国内版权人找回在国外的损失。同时，如果掌握了外国人侵犯我国版权的大量事例，可提供给国家版权局，也有助于我国在对外知识产权谈判中增强谈判地位。

　　但不宜作出限制国内作品在外发表的规定，或对国内已发表的作品作出限制其被外国翻译的规定。否则，将产生对外版权交往及文化交往中的重大失误，不仅使本来可被外国使用（从而可增加外汇收入）的作品减少，还会阻碍（直接以外文进行创作的）人才交流，最终妨碍改革开放。至于少数人借在国外发表文章泄露国家机密或作其他违法之事，则应依刑法、保密法等法规制裁。

在中美谈判过程中有必要
让美方公众通过多渠道了解
中国的实际*（1995 年）

　　我在向美公众介绍中国知识产权保护制度时，美国听众举出两例，对中国在保护知识产权执法方面法院工作的有效性表示怀疑。我对此作了讲解，取得了较好效果。

　　一是美国沃尔特·迪斯尼公司诉北京出版社侵犯版权案。该案在 1994 年 7 月由北京中级法院当庭宣告侵权成立，但至今未作判决。美听众对此表示疑虑。我本人曾参与此案的全过程，就从个人的观点出发作了详细解释。在该案中，北京出版社受了英国 Maxwell 公司的欺骗。该公司在无权授权的情况下，称其有权授权，"许可"北京出

---

　　* 本文系郑成思先生（时任中国社会科学院法学研究所副所长）于 1995 年 1 月 8 日应美国律师协会及迈阿密一律师公司邀请，在迈阿密及华盛顿两次介绍中国知识产权保护制度，在回国后撰写的有关报告。郑先生认为：我国在许多对外双边及多边贸易谈判过程中，有必要鼓励学者及企业家，通过亲身经历广泛介绍我国在法制建设等方面取得的进展，以使对方国家的民众对我国的正面有更多了解。——编者注

版社出版迪斯尼的书，北京出版社为此支付了"许可费"。而案发时，Maxwell 公司早已破产。但法院并不因北京出版社"不知"而免去其侵权责任，而是认定其侵权。这是公正的。迪斯尼公司的代表也当庭向新闻界表示对这一初步认定是满意的。但是，迪斯尼公司要求北京出版社赔偿100 万美元，而北京出版社的侵权赢利额只在 1 万美元左右。这个差距太大了。这是法院迟迟未能判决的主要原因。迪斯尼计算的赔偿额中包括该公司支付的律师费。而该公司为在北京中级法院起诉，除委托北京北斗律师事务所律师外，还委托了香港的 Bakeiand Mckancy 事务所。后者的收费在全世界也是最高一档的。该事务所参加诉讼的律师完全不懂中文，且同时委托后者是完全无必要的。把这笔不必要的费用加到北京出版社头上，显然不合理。这样解释后，听众均表示满意。

二是中国社科院语言所诉王同亿抄袭《现代汉语词典》，起诉后已拖两年尚未开庭。美国听众主要担心在中国是否"关系学"代替了公正司法。我对此的解释是中国法院在对待诉"名人"（或"有来头"的企业）侵权方面采取较慎重的态度是必要的。"慎重"主要指证据必须确凿。诉王同亿一案，由于要由国内语言学家对照原、被告的作品作出鉴定，作品又属份量很重的词典，故花费了较长时间。在一年零三个月后（1994 年 9 月），鉴定已经作出，可以认定抄袭。但恰在此时，主管该案的法官因超负荷阅卷，视网膜脱落而住院，又延误了开庭。这只是"特例"。全国到 1994 年底，法院已收知识产权案 6000 余件，结案 4800 余件，结案率在 80% 。与美相比这个结案率也不算低。对这一解释，听众也表示满意。

去年中美知识产权谈判未达成协议，在美已是谈论的热点。我讲述了美国谈判代表提出的几项无理要求，其中讲到美方要求美国律师可以在中国法庭上代理知识产权诉讼案。这是我们绝不能答应的。许多到会的美国律师也说："这就是美国代表的不对了，这种对'特权'的要求，任何国家都不会轻易承诺的。"

通过几次讲解中国知识产权保护，发现美国人对这种讲解非常欢迎。美国国务院科技处的 Andrew Reynolds 等三个官员在会后说："非常高兴能听到这些我们过去完全不了解的情况。"在华盛顿的研讨会，原先只有 20 多人登记到会，开会当天早上却到了近 40 人。总部设在巴尔蒂摩的 SCM 石油公司等企业的老板均专程赶来赴会。美国电子界的 3M 公司等大公司都派代表参加。这些公司表示：不希望中美之间打起"贸易战"，愿意与中国长期合作下去，只是担心中国保护知识产权不力，听过讲解后放心多了。

这次出访，感到美国人对中国知识产权保护了解甚少。美国总统贸易代表处在去年底宣布将制裁中国时，其国内居然是一边倒的支持制裁声。我认为，通过民间渠道，尤其是通过学者讲学的方式，使对方（除美国外，还有日本、西欧、澳大利亚等）了解中国的实际，可能对我国发展对外经济交往更有利。应当看到，我国大多数学者不会在对外介绍中与政府的意见唱反调。即使有个别人讲偏了，也仅代表个人的学术观点，并不代表政府意见。这一点外国听众也很清楚。如果我们自己作过多的限制，结果往往是：在中外经贸谈判期间，外方电台、电视台、报刊不断有该方政府声音之外的各种声音，基本是支持该政府立场的；我国则仅有政府白皮书、政府发言人的声音。对照起来，后者往往缺乏生动的、具体的、活的讲解，同时显得没有广泛的舆论支持，让人感到苍白无力。这样对我国的谈判地位似乎并不有利。

建议有关部门系统了解关贸中的
"知识产权协议"* （1995 年）

郑成思

关贸总协定的乌拉圭回合结束时达成的"知识产权协议"（国际上简称 TRIPS），也是《世界贸易组织协定》的组成部分。我国政府代表已于 1994 年 4 月 15 日在该协议上签字。我国目前尚不是世界贸易组织的成员，TRIPS 对我国尚无约束力。而世界上的绝大多数发达国家及许多发展中国家（可以说包括我国的所有重要贸易伙伴）均已接受了 TRIPS。发达国家如美国、德国、法国等已按照 TRIPS 的要求多次修订其国内知识产权法；发展中国家集团之一"安第斯组织"在一年内三次依照 TRIPS 修订其地区性知识产权公约（"卡塔赫那协定"）。在司法与行政执法实践中，国际上也已把 TRIPS 作为一种本国遵守、也要求其他国遵守的"通用国际标准"。

---

*　在中美知识产权谈判结束后，郑成思先生撰文建议有关部门应立即开始系统了解关贸总协定的"知识产权协议"（TRIPS）的有关内容，以更好地掌握我对外经贸政策，在有关的国际谈判中占居主动。——编者注

　　我国的立法、司法及有关的行政部门，有必要从现在
（亦即从我国尚不受 TRIPS 约束时）就开始较系统地了解
它。这有利于我们在立法中少走弯路、有助于我们在司法
与行政执法中更能有理有据，也将使我们在国际交往中，
在处理涉外知识产权纠纷中更加主动。早在 1994 年 7 月，
美国迪斯尼公司在诉北京出版社侵权时，就曾经自言是依
照 TRIPS 的规定，要求被告将其发行渠道等情报，统统交
给原告，以作为侵权救济的一项内容。当时我在向北京中
级法院咨询此案时指出：第一，我国尚不受 TRIPS 约束，
将只按自己的国内法判案；第二，TRIPS 第 47 条及第 57
条两条虽然定有迪斯尼公司要求的内容，但这两条都给了
法院以"自行酌处"的权力。就是说，法院有权不将"交
出发行渠道"作为救济方式。对此，迪斯尼公司难以反
驳，最后收回了这项诉讼请求。在 1995 年 2 月的中美知识
产权谈判中，美方不仅一再强调其多项要求均是依照
TRIPS 的原文提出的，而且专门带来了曾参加 TRIPS 起草
工作的美国专家费尔德。在这种情况下，如果我方只是一
味强调中国还没有参加世界贸易组织，不受其约束，则可
能一方面会受到对方指责，说我国不愿以"国际标准"保
护知识产权，一旦谈判破裂，美方公布材料说我国不愿接
受 TRIPS，将造成我国在国际上的孤立；另一方面，在双
边谈判中如果明确表示不接受关贸的文件之一，也将不利
于我国下一阶段的"复关"谈判。所以，我们把立足点放

在自己弄懂 TRIPS，找出美方要求中不符合 TRIPS 的地方，据理力争，取得了好的效果。例如，在 1995 年 2 月 18 日上午的谈判中，我方要求美方撤除其 1995 年 2 月 13 日文本中歪曲摘引我国国务院 1994 年 11 月 5 日通知的一段。美方则坚持说这一段前一部分引自中国政府文件，后一部分引自 TRIPS，完全合理。

主谈人段瑞春指出：把中国政府文件的不完整内容写在双边协议中并不合适，同时建议中国的 TRIPS 专家谈谈对该段后一部分的看法。我当即指出，后一部分虽几乎原文摘自 TRIPS 第 45 条，但该条是针对知识产权所有人提出诉讼或申诉请求的情况所作的规定，我国国务院通知则是针对行政当局"依职权"主动查处的情况，把这二者放在一起，在法理上是混乱的，在实践中是不可能实施的。这样反驳之后，美方主谈人及其 TRIPS 专家均无言以对，不得不同意撤销该段。又如，在 1995 年 2 月 24 日下午谈及有关商标问题时，美方原先一直坚持美国商标所有人所授权的其他人（但不是中国的商标代理人），也应能够直接到中国商标局申请注册。如果同意了这一要求，不仅打乱了我国现有的商标注册程序，也使美国商标所有人的待遇超出了中国国民，所以我们绝不接受。在这个问题上僵持了很久，以致谈判不得不暂时中断。这时中方主谈人张月姣要我同美方商标专家沃什单独谈一谈，看看能否打破僵局。我当即拿上 TRIPS 英文文本对沃什讲：TRIPS 有关

"商标执法"的规定,承认"所有人"与"持有人"(即包括被授权之人)都能够找执法部门解决纠纷;但其中凡涉及"商标注册"的规定,则仅仅承认"所有人"才能够去办理注册申请。美方的要求岂不是正与 TRIPS 冲突吗?沃什表示:如果仅仅在"国民待遇"问题上争下去,美方可能会要求改变中国的"国民待遇"本身(因为在美国,非"所有人"也可以办理注册),但美国不能要求改变它自己承认的国际公约。所以,他同意去说服美方代表。在休息后再度开始谈判时,美方即不再坚持其上述无理要求。这样使谈判又进了一步。

此外,如果我们的立法部门更加了解或更早了解TRIPS,我们在半导体集成电路布图立法中,就完全不必考虑"强制许可"的问题。因为 TRIPS 已经把它否定了。在考虑植物新品种的立法保护时,我们也就有可能把它放在专利局的框架下,用"专利衍生的专门方式"保护,以避免知识产权的行政管理进一步分散。因为 TRIPS 从一开始就提供了多种选择,而不像原有的《保护植物新品种公约》,在九十年代初之前一直排除了将这种保护纳入专利轨道的可能性。如果我们的决策机关更早地了解 TRIPS,就可能发现,若能够在 1994 年 12 月 31 日前与美达成协议,对中国在涉外保护的全局上更为有利。因为,依照TRIPS 第 4 条(d)款,在《世界贸易组织协定》生效之日前业已生效的双边条约,可以不适用于其他成员国。而我国在 1995 年 2 月 26 日中美协议中所承诺的一切，在我国加入世界贸易组织之后，则都要"立即、无条件地"适用于其他一百多个国家。其中仅"互通信息"与"特别执法"两项，我们即可想见，要增加我们多么大的工作量（"一百多个国家"仅是理论上的数目，实践中不会达到这个数目，但不会少于十几国甚至几十国）。

上面举几个例子，只是为说明在尚未参加世界贸易组织之前，系统了解 TRIPS 对我们有多么重要。应当说，"从现在开始"了解，已经有些晚了；但还不很晚。如果真到了我国加入世界贸易组织之后，再开始了解 TRIPS，那可真的太晚了，那将会耽误许多大事。在 1993 年前后国内经贸界、学术界的"关贸热"中，TRIPS 这一部分实际上一直相对较"冷"，乃至当许多人感到报刊文章上"关贸"已经"过热"时，人们对关贸中的知识产权协议仍旧若明若暗，或可以说不甚了解。现在我们冷静下来再补上这一课，也许效果更好。

我国派团组参加国际组织召开的研讨会需要注意的问题及建议[*]（1995 年）

郑成思

一、对知识产权这类与国际政治、经济交往密切相关的研讨会，尤其是在外方承担一切费用时，我国应每会必到，不应推托不去或有意避开。参加这类会议，一是可使国际社会了解中国知识产权保护现状，更何况是外国政府出钱为我们提供这种讲坛。二是我们到会本身就使一些在国外总是歪曲宣传或夸大我国知识产权制度缺点的人偃旗息鼓。

这次有的国家的代表没有到会，日本等一些代表就认为是这些国家知识产权保护太差，赴会没什么可说。我们到会之前，《澳大利亚人》报上有一篇台湾"评论家"引用美国贸易代表的话，说中国知识产权保护最差。如果我国真的不派团参会，这种论调就可能在研讨中公开提起，而且会后也有可能形成一个不指名批评我国知识产权保护

---

* 本文系郑成思先生（时任中国社会科学院法学研究所副所长、中国社会科学院知识产权中心主任）参加由经贸部组织的代表团，赴澳大利亚出席亚太经合组织（APEC）关于成员国实施关贸总协定与世界贸易组织中"知识产权协议"（TRIPS）研讨会，回国后写的"情况汇报"摘要。——编者注

的"正式文件"。我们的代表到会并在发言中介绍我国近年在立法与修法上，差距逐步与 TRIPS 缩小的事实，同时也承认由于普及知识产权知识等方面的不足，我国确实存在一些侵权现象。这样一来，本来作了有人会提出"中美谈判后中国怎样提高知识产权保护？""中国怎样进一步打击盗版？"等问题的准备，但并没有代表真正提出。他们对中国代表的发言均表示满意。特别听到中国代表每次会上都提出有较深理论意义的实际问题，日本、韩国、澳大利亚、新加坡、印度尼西亚及个别美国代表都在交谈中认为，中国在知识产权制度的完善及为完善这种制度的研究方面，都取得了惊人的成绩。

二、在用语上，要坚持我们的一贯立场；但在表达方式上，要使多数国家能够接受。我国一直认为我们应当"恢复在关贸中的地位"，并成为"世界贸易组织创始国"。在复关谈判未达成协议，世贸组织已运转近半年的情况下，如我仍以较多时间或较强烈的词句强调我们去年底之前的提法，将使一些代表感到"过时"，另一些代表会认为我们不是来研讨，而是来"论战"或"宣传"。结果会适得其反。但又不能不让人明白我们的立场并未改变。所以，在轮到我国代表团发言时，我先作了如下表示："我们虽然是在 TRIPS 生效后五个月开这个研讨会的，但早在1991 年底 TRIPS 草案刚形成时，中国就在其争取'复关'的进程中，以及后来争取成为世界贸易组织创始国的进程中，不断使自己的国内法达到 TRIPS 的要求。"在发言结束前，讲述中国法律与 TRIPS 的差距时，又加上一段："如果中国成为世界贸易组织的创始国，那么可以认为中国法律与 TRIPS 还存在几点差距，而目前尚不是世贸组织成员的中国，已经在考虑修改法律、弥补这些不足之处。因为，即使不参加世界贸易组织，为了中国自己科技发展的需要，我们也必须对已有法律作必要的修改和补充。"

发言后，韩国代表（亦即中国发言的 Panel 的大会执行主席）说：中国发言中的"创始成员"这个词用得很是地方，很恰当。相反，中国台北代表在大会激烈讨论知识产权执法问题时，举手发言表白台湾虽不是任何知识产权国际条约的成员，但非常愿意给其他 APEC 成员以充分保护。该发言不仅没有在会上引起任何反响，倒使很多代表认为他们"发言不找正确的时间"，"文不对题"。乃至在台湾代表又一次讲到台北不是世界知识产权组织成员能否要求一些技术援助时，世界知识产权组织代表毫不客气地当场顶了回去，说："中国台北不可能成为该组织成员；当然该组织可以对台北的要求投去同情的目光，但谈不上技术援助。"澳大利亚主席则在讨论非正式文件时，竟挥手打断台北代表的发言，表示不予考虑。

这说明，在国际讲坛上，尤其在以"学术"名义讨论与经济、政治有联系的问题时，如果不注意场合与方式，有些出于某种目的的发言只会适得其反。在会上可以看出，中国台北代表确是从台湾带"任务"来的。但其不分场合一再表白的结果，只是引起了其他代表的反感。

三、对过去在中美谈判中我们占理的问题，可以通过恰当的方式，在有关国际会议场合让更多的人了解。在1995年2月的中美知识产权谈判中，美方曾一直坚持"驰名商标"在中国的认定，不能以该商标是否被中国有关公众熟悉为标准，而要以是否被外国公众熟悉为标准。这完全是蛮不讲理的霸权主义。不过，TRIPS中也确有一条，但并未讲清"有关公众"指的是国外还是国内。当时美国代表正是抓住这一条作文章。

我自己很清楚这一条不会指"国外公众"，但仅仅是参考多数外国判例得出的结论，并不足以服人。在研讨会上，起草TRIPS的世贸组织代表及2月份与我们谈判的美国代表均在场。于是我抓住台北代表向日本代表提出驰名商标问题而对方尚未解答的机会提出："我，可能还包括多数其他代表，都想利用这个难得的机会，听听世贸组织中当年的TRIPS起草人对TRIPS中该条规定的解释。"

世贸组织代表作了详细解释，从TRIPS之前的《巴黎公约》历史谈起，一直讲到TRIPS中为什么没有明确指出"有关公众"指国内公众——因为那是不言而喻的，用不着赘述，任何了解《巴黎公约》及驰名商标保护的人，都不可能把国外公众作为标准。世贸组织代表的发言很具说服力，美国贸易代表署的人在研讨会上对此无话可说。

四、应加强我国在有关国际组织中的"活跃"程度。在这次会上，我看到中国台北、菲律宾、韩国代表等均非常活跃，美国代表则总想驾御别人，也非常活跃。在有些问题（例如我提的"反向假冒商标"问题）上，一些国家（如澳大利亚）代表，明显反对美国代表的答案，并毫不隐晦这种情绪。我国在亚太地区的一切活动中，均应注意增大我们的影响，尤其是在越南进入东南亚经济联合体，在有的国家视我国的经济增长为"威胁"的情况下。

避开参加国际非官方（或虽非官方却又含有一定政府间交往性质）的讨论会或其他会议，就可能给我们经济、政治上的竞争者，提供更多贬低或歪曲我们的机会。

五、在组团参加有关国际组织的研讨会的过程中，国内各单位的配合非常重要。

这次研讨会原无社科院的任务（其他各国也均是政府机构人员参加），只是后来在东道国建议及知识产权主管部门坚持要有研究单位 TRIPS 专家参团的情况下，临时要求我去的。从经贸部将出国批件转送我院外事局到办好一切审批手续，仅用了不到半天时间。国家版权局领导同志对社科院的支持表示感谢，提出应在国务院知识产权办公会上加以表扬，并希望其他单位也能像社科院一样，在有关国际活动中支持与配合组团单位，使我国在国际组织的讲坛上争取到我们可以争取的东西，发挥我们可以发挥的作用。

应重视文化市场上的假冒伪劣产品
并及早采取对策（1993 年）

郑成思

近年来，有一部分国家正式批准的出版单位以合法书号、合法出版途径，出版了一批赢利较高的"全书"、"大全"、"辞典"、"手册"等汇编型图书。书中大量抄袭他人已发表的、享有版权的作品，甚至抄袭他人已过时的作品中的内容。他们找人写序捧为"最新成果"欺骗读者，形成了一批文化市场的假冒伪劣产品。由于这些出版物打着合法出版物的幌子，其危害比国家已明令禁止的反动淫秽等非法出版物还要大。其直接危害是：鼓励了非法的抄袭，打击了认真的创作。

最近，世界知识产权组织在哈佛召开的"数字技术（主要指计算机技术）与版权保护"学术会上，已经把利用计算机进行大量抄袭的问题提到令人瞩目的位置。在许多国家，抄袭者将他人多部作品输入计算机后，按动"移行"、"移段"等键，很容易地把原作"改头换面"，形成没有一点独创内容，但又一眼看不出与原作相同之处的抄袭"成果"。国外已对此引起相当的重视，并加重了对抄袭者及抄袭作品出版者的处罚。这种以计算机为工具，大量抄袭他人作品的活动，在我国也出现了。例如，1992年出版的《知识产权法律全书》一书，即综合抄袭了我已发表的五部专著，其严重程度是极少见的。其中有整章、整节的抄袭，也有用计算机移段后的改头换面的抄袭。国家版权局的有关领导还发现了大量类似的抄袭而成的汇编作品。

目前认真的创作者出书难，出高水平的学术书更难。而往往综合抄袭后形成的"全书"、"大全"之类不仅出书易，售价也很高。抄袭者与出版社均有高额利润可图。这种状况如不引起重视，对我国在"下海"潮中已经剩下不多的坚守岗位的作者队伍将是致命的打击。它使认真搞学问、搞创作的人痛心、寒心、灰心。如不及早在文化市场上堵死这类假冒伪劣产品的渠道，对我国科学、文化、民族道德带来的消极后果，将是不堪设想的。

作为起草中国著作权法的参加者，也作为创作者中的全国劳模，我提出如下建议：

1. 加强对出版单位进行著作权法乃至整个知识产权法知识的普及。要求出版者了解汇编型书稿中的版权关系。在出版"全书"、"大全"一类汇编型图书时，一定要防止严重侵犯他人版权的事故频繁发生。

2. 出版行政管理机关与版权管理机关，对于查实无误的抄袭作品，应如同对待反动淫秽作品一样，有主动处罚权。这与被抄袭人依法主张自己的民事权利（主要是请求赔偿）不相冲突。

3. 各级领导应当像中国科学院及淮北煤矿学院对待李富斌抄袭外国人的作品那样，对抄袭国内作品的人和事，要发现一起，严肃处理一起。作为被抄袭人，中国人与外国人的法律地位是平等的，都是受害者。只处理抄袭外国人作品的抄袭者，对中国作者是不公平的，必然引起国内作者心理上的不平衡。

4. 各级领导包括党、政领导，均应带头抵制自己并不熟悉的出版物硬拉自己做"主编"、"编审"或作"序"。因为从已经发现的抄袭作品（主要是汇编作品）看，几乎无一不是拉了某个（或某些）领导人，挂上"编审委员会"主任或"主编"；而这些挂名者又都显然不了解书的内容。各级党政领导也极有必要学习著作权法，懂得一旦被挂上名，作品被发现为有抄袭内容时，自己将负的连带责任。

制止以抄袭为主要表现形式的假冒伪劣文化产品的泛滥，不仅关系到保护创作者的民事权利，而且关系到社会主义精神文明建设，关系到我国科学、文化的发展。现在是到了该认真抓一抓的时候了。

许多国家都实行影视节目管理
——中国限制美国节目进入中国文化市场
不违反国际惯例[*]（1996 年）

郑成思

在 1996 年 4～5 月的中美知识产权谈判中，美方以保护其版权为借口，集中全力要打开中国的视听制品市场，使许多国家更加关注这场中美之间的争论。因为美国多年想打入西欧、澳大利亚等地的文化市场，并未获得很大成功。1993 年底，因法国等国家坚决抵制在《服务贸易总协议》中规定视听制品的"自由流通"，曾险些使关贸总协定的乌拉圭回合功亏一篑。美国是否能从中国文化市场上打开缺口，并以此作为谈判的先例去压其他国家，就成为很多国家（包括发达国家）非常关心的了。正因为如此，许多国家的学者在美国宣布所谓"制裁"及中国宣布反制裁时，明显表示了不赞成美国的做法。

---

[*] 本文原标题是："澳大利亚亚太知识产权研究所所长彭道敦教授提出许多国家都实行影视节目管理——中国限制美国节目进入中国文化市场不违反国际惯例"。——编者注

在美中双方宣布制裁与反制裁时,我正在澳大利亚讲学。这里的"亚太知识产权研究所"所长彭道敦(Michacl Pendleton)教授认为:美国把服务贸易的市场准入问题拉入"知识产权"谈判,首先就表现出它的无理。同时他也指出:中国在反驳美国的种种无理指责时,似乎没有提及许多国家都实行影视节目管理。就是说:如果中国限制美国的节目进入中国文化市场,并不是什么服务贸易上的"歧视性待遇",并不违反国际惯例,因为世界上许多国家(尤其是发达国家),为维护本国传统文化、加强本国文化产业的竞争地位,都是这么做的,而且公开颁布了明确的立法。

以澳大利亚为例,澳政府颁布的《电视节目标准》第14 条规定:在澳大利亚播放的电视节目中,澳大利亚自己制作的必须占百分之五十以上。"澳大利亚自己制作"的具体含义是:有关节目的创作是由澳大利亚人控制;剧本的作者、导演、演员、作曲人、编导及制片人的国籍应主要是澳大利亚籍人;作品本身的"来源国"必须是澳大利亚。在同一法规中还规定:"自下午6 点至夜间12 点(即"黄金时间"与"准黄金时间"),电视台播出的广告中,澳大利亚制作的广告必须占百分之八十以上"。

彭道敦教授认为,在发达国家中都有类似的管理影视节目的法规,只有美国是个例外,因为它的影视业已处于很强的竞争地位,自然不再需要政府法令的支持了。如果中国了解这种限制是国际惯例，就不仅有利于中国谈判代表在谈判中反驳美方的过高要求，而且有利于中国的文化管理部门在实际上尽量把美国不好的文化产品拒之门外。在澳大利亚，许多家长对美国影视中过多的凶杀及色情镜头十分不满，它们教坏了不少澳大利亚的青少年，即使澳大利亚已经在限制美国影视进入。

　　彭道敦教授是专门研究这方面法规的。建议我国新闻出版署或广电部可邀请他或类似的外国专家（由对方自付旅费）来详细介绍国外有关限制外国影视节目的法规及实际做法，并与有关方面共同讨论中国可采取哪些措施。这样做不仅有利于我们今后进一步与美国贸易代表打交道，同时更重要的是，将有助于我们进一步抓好精神文明建设。

对我国引进及开发高新
技术的若干建议*（1996 年）

郑成思

　　关贸总协定及世界贸易组织中的《与贸易有关的知识产权协议》（简称 TRIPS）缔结后，发展中国家在引进高新技术方面普遍面临越来越严峻的局面。这是因为：

　　1. 知识产权国际保护首次以公约形式与有形商品进出口贸易挂钩，加强了商品出口大国在高新技术输出中的谈判地位；

　　2. 知识产权保护水平普遍提高，并首次在国际上确认了商业秘密属于知识产权，从而加强了高新技术的权利人的谈判地位；

　　3. 数字化技术与网络化技术使侵犯知识产权更加容

---

　　* 联合国贸发会议曾于 1996 年召开第九届会员大会，研究新形势下（即 TRIPS 缔结后）如何通过国际技术转让促进全球经贸发展的问题，其中重点讨论发展中国家的对策问题。作为预备会议，贸发会于当年 11 月 22～24 日在日内瓦联合国会议大厦邀请中、美、德三国的四位知识产权专家对上述问题进行了讨论。本文系作者应邀出席该预备会议后，就我国引进开发高新技术的有关政策提出的建议。——编者注

易、发现与制止侵权更加困难，高新技术的产权所有人在
转让技术时大都将日后可能发生的侵权给其带来的损失，
计入转让报酬中，因而使技术转让价码上升；

4. 联合国贸发会中"发展中国家 77 国集团"实际已
不起作用，它坚持的有利于发展中国家的"国际技术转让
行为规范"方案已基本被否决。

我参加联合国贸发会于 11 月 22～24 日召开的会议时，
有一个较为强烈的感觉：发达国家的高新技术产权所有人
是一定要通过国际技术转让营利的，很难要求他们"同
情"发展中国家，降低保护水平或降低价码。所以，发展
中国家不能把主要精力放到国际论坛，要求发达国家给予
更多的支持或援助，而应在政策制定上更多地寻找在新的
压力夹缝中求生存、求发展的路子。为此，提出如下
建议：

1. 国内技术引进的部门及企业，只能有明确选择性地
引进特别急需的技术，否则这方面的外汇支出将增加得不
堪重负。同时，国内在引进技术方面应由有关主管部门调
控，过去同时重复引进多条浮法玻璃技术、多条彩色显像
管技术的现象不应重演（何况其中有的技术在国际市场很
快已被更新）。此外，个别领域的技术可在谈判中取得
"一家引进、数家共享"的许可。这完全不同于过去我们
不尊重别人知识产权的"一家引进、百家共享"的错误做
法，而是由美国硅谷工程技术人员及软件公司共同提出

的、减轻技术受让方经济负担的"连锁许可证"方式。例如：一个使用数十套软件的单位，无需同时购买数十套软件原盘，而可以只购一套而数十个计算机同时使用，加付"连锁许可费"。这笔许可费用将大大低于购数十套软件原盘的价钱。这是美国加利福尼亚工程师 Tonathan Wilcox 向笔者提出的建议。

2. 国家应大力支持国内急需技术领域的开发。韩国半导体芯片布图设计技术在短时间内发展得可与美、日抗衡，其做法很值得借鉴。理工大专院校及有条件的科研单位，可以把芯片布图设计领域及商业秘密领域的"反向工程"作为重要研究课题。即使在知识产权保护水平较高的美国，也仅仅在计算机软件的版权保护方面禁止反向工程。早年的日本、今日的韩国，在许多重要技术领域正是通过对其他国家已有的设计或技术秘密进行反向工程研究，才大大减少了在引进技术方面的开支，同时较快跟上了先进国家的发展步伐。

3. 在版权领域，在美国压力下，世界各国已同意将计算机软件视同于一般文字作品加以保护。这在 TRIPS 中已成定论，在《〈伯尔尼公约〉议定书》中也很快要明文确认。这种保护，虽然一方面大大加宽、加强了对软件的保护范围与力度，另一方面也为发展中国家按《伯尔尼公约》的优惠条件、不经许可而复制、翻译（汉化）所需的软件铺平了道路。因为《伯尔尼公约》1971 年文本附件，允许发展中国家为教学、科研目的，不经许可而复制、翻译其他国家享有版权的"文字作品"。

4. 鼓励可创汇的技术输出（包括向港台地区输出）。我国计算机领域如北大方正、联想集团等，以及一些中医药研究部门已作了大量这方面的工作。输出技术的单位要懂得如何保护自己的知识产权。例如，输出中只宜提倡"许可"，不提倡（并在一定场合禁止）"卖绝"式的转让；事先应在被输出国申请有关专利；对于无商业秘密保护法的国家或地区，输出技术中一般不宜包含 Know – How 技术，等等。

5. 在世界贸易组织的知识产权协议（TRIPS）生效前及联合国贸发会"转向"前，我国有关部门起草的（现仍滞留在国务院法制局）《技术引进合同管理条例》（修订稿）等草案，显然已经不适应改变了的国际形势，应当重新起草。在重新起草中，应特别注意利用 TRIPS 第 40 条给成员国立法、执法留下的余地，作出有利于保护我国经济利益的规定。

警惕建立合资企业中的中方国有
知识产权流失 （1995 年）

郑成思

目前，有些地方或部门，不加分析地将"建立了多少中外合资企业"作为衡量领导"政绩"的一个标准。于是有的领导只追求"建立合资"的数量，而不顾及后果，甚至在"合资"过程中为争取尽快被批准而与外方共同欺骗上级审批单位，最终自己也被外方欺骗，遭受巨大经济损失。

现在，更多的中方经济损失（或潜在的巨大损失），较集中地表现在中方不懂得自己掌握的知识产权的价值，轻易以低价转让给外方，从而丧失了自己在市场的优势地位。例如，在发达国家，大公司极注重自己的商标、商誉（如销售渠道等），绝不随便转让给其他人；对于自己已经有名气的商标，甚至不允许其他人（包括与自己合资的他人）的商标与其"合用"，以防止将自己的名牌"淡化"。

在当今的国际市场上，中国的名牌不是多了，而是太少了。然而，国内有些国营部门的领导，出于对知识产权

32

的无知，或者决定低价出售名牌商标、商誉，或者指令下级工厂低价出售。这样下去，必将造成比有形国有资产流失后果更严重的无形资产流失。仅在商标领域，就可能使我国的"名牌"永远在国际市场上形不成一支力量。

1993 年前，上海家用化工品厂（使用"美加净"商标）在与美国"庄臣"合资时，曾不慎以低价转让其商标。转让后自己只能改用"明星"商标。而后一商标不为消费者接受。该厂在一年销售中的库存积压就超过了卖商标所得的转让费。这一教训使厂领导了解到"美加净"商标的价值，下决心以高价再买回来。

现在，北京丽源公司日化五厂又在走同样的死路，花更多的"学费"。该厂生产的"光明"牌"一洗黑"染发液，在配方与生产技术上超过了德国汉高（Henkel）化工公司的同类产品，"光明一洗黑"的声誉在中国及一些东南亚国家也不低于"汉高"。而该厂的上级领导为促成尽快与"汉高"合资，竟然将该厂厂房、设备等有形资产与销售渠道等商誉（无形资产）一并仅作价 3000 万元人民币，目的是把资金数目压低到一轻局本身即有权审批的范围内。

此外，还决定将"光明一洗黑"商标权以 2000 万人民币转让给外方，或将该商标权的 60% 转让给外方。就是说，一旦合资企业合同生效，外方有权压下"光明一洗黑"这个牌子不再使用，也不允许中方使用，从而使这个北京地区 88 个名牌之一的商标从此消声匿迹。外方却能够利用已得到的中方销售渠道，进一步提高"汉高"的声誉，打开中国及东南亚市场。我认为，日化五厂上级有关领导的决定，不仅是对日化五厂职工的犯罪，也是对国家的犯罪，必须加以制止。据了解，现在还有不止一个国内国营企业在谈判或签订类似的合同。有些合同还允许外方将中方更先进的技术（有些是技术秘密、有些是专利，均属知识产权）搁置或"封存"，以利外方技术提高身价。这是又一种国有知识产权的无形损失。

北京日化五厂一旦停止使用"光明一洗黑"商标，其三年之内因滞销而造成的损失就不止 2000 万——这就是无形商标"专用权"的实际价值。为制止这类国有知识产权的损失，建议：

一、在建立中外合资企业的合同中，应有一项强制性规定，即中方只可将已成为名牌的商标以许可证方式许可合资企业或外方使用，不得转让或部分转让（部分转让的后果与全部转让相同，因为掌握了部分商标权的外方，可以阻止中方自行处理有关商标）。

二、国家工商局、商标局，在审查商标转让合同时，应特别注意中国名牌商标，一般不应批准中国名牌商标转让给外方。

三、涉及对国计民生、国防、国内经济有重大影响的国有企业的专利权、技术秘密或版权等知识产权，向外方转让时应有国家专利局、国家版权局的批准，以防个别国有企业的上级部门为表现自己办合资的"政绩"而强迫企业转让本来能够充分利用的知识产权。在合资时如有必要，这部分知识产权也可以采取许可或独占许可的方式交合资企业或外方使用，并从中获取"许可费"，而不采取转让方式。

四、各级领导绝不可以仅仅用建立中外合资企业的数量去衡量下级企业领导的"政绩"。一方面，要继续鼓励合法的合资及以其他方式引进外资；另一方面，对不顾国家利益、不顾单位职工利益，甚至靠损害国家、单位有形及无形产权去追求可上报的"政绩"者，应追究其行政乃至刑事责任。不能听任国有资产、尤其是国有企业的知识产权继续流失下去了。

创我国名牌商标需制止反向假冒（1996年）

郑成思

　　商标上的假冒，一般指假冒者在自己制作或销售的商品上，冒用他人享有专用权的商标。而"反向假冒"则不同，1994年在北京发生的一起商标纠纷，是"百盛"商业中心在其出售新加坡"鳄鱼"牌服装的专柜上，将其购入的北京服装厂制作的"枫叶"牌服装，撕去"枫叶"注册商标，换上"鳄鱼"商标，以高出原"枫叶"服装数倍的价格出售。这就是国际上常说的"反向假冒"。

　　该案发生后，北京服装厂在北京市第一中级人民法院状告百盛及新加坡鳄鱼等公司损害了其商标专用权；而被告则认为中国商标法仅仅禁止冒用他人商标，不禁止使用自己的商标去假冒他人的产品。我国个别人也认为，这一案的被告最多是侵害了消费者权益，而分散的众多消费者们不可能为自己多花的上百元人民币而组织起来状告"百盛"及"鳄鱼"公司，所以在此案中被告不应受任何惩处。至今此案未最后结案。

　　应当看到，"反向假冒"若得不到应有的惩罚、得不到制止，将成为我国企业创名牌的一大障碍。根据我国实际状况，如果听任百盛及"鳄鱼"这种反向假冒行为，则等于向国外名牌所有人宣布：如果他们发现任何中国产品质高价廉，尽可以放心去购进中国产品，撕去中国商标，换上他们自己的商标，用中国的产品为他们闯牌子。这样一来，我国企业的"名牌战略"在迈出第一步时，就被外人无情地切断了进路与退路。我们只能给别人"打工"，永远难有自己的"名牌"！

从国际商标保护的情况看，美国商标法第 1125 条及其法院执法实践，明白无误地将上述反向假冒（Inverse Passing – off）视为侵犯商标专用权。在 1995 年 3 月的亚太经合组织悉尼会议上，我特别向到会的美国专利商标局专家汤姆森印证了这一点。到会的菲律宾代表也在全体大会上发言证实菲律宾在司法实践中，将"反向假冒"判为侵犯商标权。澳大利亚 1995 年商标法第 148 条明文规定：撤换他人商品上的注册商标或出售这种经撤换商标后的商品，均构成刑事犯罪。香港地区的商标法例也有相同的规定。意大利 1992 年商标法第 11、12 条规定：任何售货人均无权撤换供货人商品上原有的注册商标。葡萄牙 1995 年工业产权法第 264 条也规定了对反向假冒者处以刑罚。可见，不论大陆法系国家还是英美法系国家，"反向假冒"都是要受到法律禁止及制裁的。

此外，美国的法院判例从 1918 年至今，英国的法院判例从 1928 年至今，均把"反向假冒"视同"假冒"，在司法救济上，与反不正当竞争中的"假冒他人商品、装潢"等行为完全等同，依此制止反向假冒。为什么我国正急需保护自己的名牌并急需鼓励企业创名牌的今天，反倒不应制止"反向假冒"行为呢？

其实，依照我国《民法通则》第四条，"反向假冒"显然属于应予制止的非"诚实"商业行为；依照我国《反不正当竞争法》第二条及第二十条，"反向假冒"未偿不可以视为应承担赔偿责任的行为；依照我国《商标法》第三十八条，"反向假冒"也可以被归入"其他"侵害他人注册商标的行为。当然，最可取的制止该行为的办法，是在将来修订商标法时，增加如外国明文禁止反向假冒的条文。不过，这并不是说依我国现有法律，就可以听任这种行为泛滥了。现在就立即依法制止这种行为，不仅有利于公平竞争和发展社会主义市场经济，而且有利于我国企业创自己的名牌。

对知识产权保护"与国际接轨"的问题应作具体分析[*]（1997 年）

郑成思

一、在有些情况下的"与国际接轨"是不可能或没有必要的，应予拒绝

1. 一国与多国以自己的标准作为"国际标准"要求我去"接轨"，这是不可能和不必要的。当美国贸易代表要求其他国家（包括中国）把美国的商标"使用在先"制度作为国际标准修订其国内法时，当他们要求把美国版权法中视录音制品为"作品"给予保护时，当他们要求按美国专利法全面取消"强制许可"制度时，其他国家（包括中国）大都无例外地拒绝了这种要求。这种所谓"与国际接轨"，不过是要求与美国法接轨，是霸权主义的表现，也

　＊ 自 1992 年初的中美知识产权谈判以来，我国就国内知识产权保护制度与国际上的保护水平或保护标准"接轨"的问题，一直在讨论之中。本文系中国社科院信息交流平台对郑成思先生有关文章的摘要。郑先生提出，对这个问题必须作具体分析。笼统谈"接轨"之可行或不可行，而离开了"与国际接轨"的具体含义，均可能出偏差。——编者注

是违反国际法原则的。拒绝这种含义的"与国际接轨"，在我国是没有争论的。

由于立法程序及制度的不同，世界上有一部分国家在参加了某个知识产权国际公约之后，必须通过本国立法机关制定出一部将该公约转化为国内法的法律或条例，而不能直接适用国际公约于本国的知识产权保护。如果这部分国家认为：国际上既然已有一大批国家采用"立法转化国际公约"的方式，这种方式就已形成一种"国际标准"，于是要求另一部分国家（包括中国）在参加任何知识产权公约后，均要通过实施该公约的国内立法，方才在立法程序上"与国际接轨"了。这种要求也应被拒绝。因为按照我国的《民法通则》及《民事诉讼法》等法律，在民事法律领域，我国参加的国际公约（除声明保留的内容之外）将自动构成国内法的一部分而适用于涉外民事权利的保护（包括知识产权保护）。这种"接轨"，是没有必要的。

2. 要求我们的知识产权保护与现已产生的一切知识产权国际公约都一致起来的"接轨"，也属于"不可能"或"无必要"。因为现有知识产权国际公约中的相当一部分，我国并未参加；有些公约，甚至大多数国家也还没有参加。

3. 即使我国已经参加的知识产权国际公约，也没有必要与其中的一切规定都"接轨"。在绝大多数我国已参加的这类公约中，都有"选择性"条款。它本身即允许成员国遵照去做或不遵照去做。例如《伯尔尼公约》中有关保护艺术作品转卖中的"追续权"的规定，就属于这种可选择的规定。此外，知识产权国际公约中的一部分，还允许成员国声明保留。而且一般来讲，只要公约本身不存在一条"对本公约的任何条款均不得保留"的规定，成员国即均有可能声明保留。例如，美国、俄罗斯等国均在参加《伯尔尼公约》时，对其中的"追溯保护"条款声明保留。

4. 一部分知识产权国际公约中，还对不同类型国家（如发展中国家、从计划经济向市场经济转轨的国家，等等）在履行公约义务时给了一个"宽限期"。这种宽限期或五年、或十年不等。在到达期限之前，有关国家要将国内的知识产权保护与公约中的可以宽限部分接轨，或者不可能（即不具备条件），或者无必要（即虽具备条件，但过早接轨有损本国经济利益）。

总之，在上述种种情况下（可能还会有其他情况，这里很难列举齐全），我们应当拒绝所谓的"与国际接轨"，这并不违反我国对外开放的总方针。

二、在另一些情况下的"与国际接轨" 具有其可能性与必要性

1. 对于我国已经缔结和已经参加的知识产权国际公约、条约、协定等等，其中对成员国或缔约方的"最低要

求"所形成的国际保护水平或国际标准，我国的立法及执法，必须与之一致。这种"与国际接轨"是必要的。即使在个别规定上，"接轨"的可能性在我国尚不具备，也必须积极创造使之具备的条件。例如，在参加《巴黎公约》时，对该公约要求的服务商标保护，我国尚不具条件。但我们确实积极向这种要求努力，并最终在1993年通过《商标法》的修订实现了这一"接轨"。又如，在参加《伯尔尼公约》后，我国对作者（尤其是音乐作品作者）的"小权利"的许可及获酬等等，认真保护起来还很困难，这主要是缺乏集体管理组织。但这些年来我国一直在积极支持和发展这种组织以及版税收转中心等，以便最终能够完全按《伯尔尼公约》的最低要求将作者的小权利也切实保护起来。

"pacta sunt servanda"这句古老的拉丁语，即在国际公法广泛领域的"条约必须遵守"的原则，之所以被国际公认为应一致遵行，是因为国际上不存在一个凌驾于各国之上的"最高权力"。于是，国家间以其公行为承诺的最低要求，承诺者必须自觉遵守。在知识产权国际保护中，即是指知识产权公约各成员国的国内保护，必须与"国际"公约的最低要求"接轨"。否则，缔结或参加某个公约就失去了意义。

2. 对于国际上大多数国家较一致采用，并且已经被实践证明对保护知识产权是有益的原则、做法，我们应当有正确的选择。例如，绝大多数国家均采用在专利申请受理上的"先申请"原则。目前只剩下美国仍实行"先发明"原则。在国际社会一再要求美国"与国际接轨"的呼声中，美国也不得不考虑改变其传统制度的可能性。但是，迄今为止并没有哪个知识产权国际公约明文把"先申请"原则作为最低要求加以规定。在我国专利立法时，在这点上与大多数国家是一致的。可以说，在当时就已经"与国际接轨"了。

再如，在侵害了他人知识产权时，如果侵害者并不知他人享有某种知识产权，自己的行为也没有其他过失，应当怎样认定其责任。对这个问题，大多数国家或在明文立法或在司法实践中，均采取"无过错责任"的原则。就是说，在认定某种行为是否构成对知识产权的"侵权"，并且是否应制止这种行为继续下去的问题上，只看造成侵害的事实，不问侵害者有无主观过错。而在确定是否侵害者应负赔偿责任（在有些国家，确定是否减轻赔偿责任）时，则要看侵害者是否有过错。只有后一种情况，适用"过错责任"原则。这也是一条（在 TRIPS 之前）从未写入任何知识产权公约但又是各国通行的做法。因为这样做，既可以防止侵害知识产权行为的扩展及蔓延，又不使"无辜侵权人"承担不合理的赔偿。这对保护知识产权及维护社会公正是有益的。

而我国由于在制订《民法通则》时，在第 106 条中，

要求只有特别法明文规定"无过错责任"之后，方能适用
这一原则，而知识产权特别法又都不涉及这一问题。所
以，实际上，我国无论在确认侵权上，还是在确认侵权赔
偿上，均不加分析地一概适用"过错责任"。在执法实践
中，证明他人有主观过错之难与证明无主观过错之易，使
相当一部分故意侵权者逃避了侵权责任，也使一部分原系
无辜侵权的侵权活动"依法"得以扩大和蔓延。现在确实
到了我们需要认真考虑是否应与国际上的通行做法"接
轨"的时候了。

三、重视国际条约的新发展，为今后"接轨"做好理论、立法和执法的准备

第一种情况：我国尚未参加、但正力争参加的国际公
约中的最低要求。主要指 TRIPS（世贸组织的《与贸易有
关的知识产权协议》）。我们目前即有必要积极创造条件弥
补国内法与其最低要求之间的差距。对于知识产权国际保
护与国际贸易多边制裁挂钩的这种新的发展趋势，如果我
们不重视，不研究，不认真对待，甚至无视这一趋势，则
我国的改革开放将面临严重的挑战。

第二种情况：我国尚未参加、也还不准备尽快参加的
国际公约中的最低要求。主要指 WIPO 在 1996 年底新缔结
的《版权条约》与《表演及录音制品条约》。有的同志曾

建议在我国知识产权法的修订中，完全不必要反映这两个新公约的内容，因为它们离我们太远。我们固然没有必要反映两个公约的全部（乃至大部分）内容。但如果根本不反映两个公约中的任何内容，则不仅将使我们被发展了的国际公约（及国际社会）越甩越远，也不能适应我国国内已经发展起来和已经逐步应用着的数字技术与网络环境的要求。自1996年初以来，因电子信件产生的诉讼、因使用电子数据产生的诉讼、因域名问题在企业中产生的惊慌等等，已经告诉我们：两个公约中的许多内容，离我们不是很远了。两个公约缔结时，争取到了"三十个国家批准方能生效"的有利于我们的条款。但如果我们不利用好其生效前这段有利时间，在理论上、立法上、执法上作好充分准备，而是仅仅无视国际公约这种新发展，我们在不久的将来（三、五年，最多不会超过十年）肯定会面临难以应付的局面。

对抗"非典"医药攻关成果勿忘
知识产权保护（2003 年）

郑成思

当前，防治"非典型肺炎"的工作全面展开，在关注广大人民群众和医务工作者身体健康与生命安全的同时，希望抗"非典"指挥部、科技部、卫生部等有关部门，不要忽视抗"非典"医药攻关成果的知识产权保护问题。

目前医学科学工作者的首要（对有些人是唯一）任务是全力攻关，尽早研制出抗"非典"新药。主管部门应指定专门人员跟踪攻关成果，在有关成果进入临床试用之前，确定哪些是必须申请发明专利的，不失时机地申请专利。我国高、低温超导攻关成果知识产权问题的教训值得重视。高、低温超导研究最早取得突破性成果的是中国科研单位，但当时我们只重视宣传"首先发明（发现）权"，在专利申请上被日本人抢先，结果是我们想要把自己首先发现的成果市场化时，却须在一部分领域内先得到日本专利权人的许可。

抗"非典"新药（或原有医药的新用法）成果一旦由

我们自己首先申请了专利，并不妨碍我们在获得专利后，无偿许可本国及其他国家医疗单位使用——这是把成果奉献给人类的现代方式。如果我们先研制出某种药品，却被美、日等国先申请了专利，那么我们不仅谈不上把任何成果献给人类，连我们自己再想批量生产时，都可能受到美、日专利权人的限制。在任何形式的"国际合作"中，不了解专利的先申请原则，不充分利用这一原则，都会在日后吃大亏。加强科研攻关中的国际合作与重视及时的专利申请，并不发生必然冲突。望有关部门能够在目前的非常时期，把这个问题协调好，替科研攻关人员做好知识产权保护的辅助工作。

依照世贸组织的协议及《巴黎公约》，我们抢先在中国专利局提交了相关申请，就可以（至少是有助于）在全世界范围确定我们的专利权人的法律地位。

事实上，我国已经开始临床应用的"短时（一小时）非典测试剂"、"高危人员广谱消毒剂"、"一秒钟确认非典疑似者仪器"等，均是（或可能是）可申请专利的成果。专利申请后，既不妨碍我们免费提供世界使用这类成果，又可以避免别人抢先申请了专利而妨碍我们放手使用。

经济全球化国际竞争中的知识产权
战略与策略（2006 年）

郑成思

对发展中国家而言，WTO 中的知识产权协议比 WTO 中的货物贸易总协议及服务贸易总协议更典型地反映了经济全球化的特点以及缺点。我国加入 WTO 以来，由于跨国公司利用知识产权作为武器对我打压，国内只有较少的企业懂得别人可以用做武器的，我们同样可以用得更好（如山东的海信、广东的华为）；更多的企业乃至学者则重新开始了知识产权制度对中国是否合适的讨论。我国改革开放之初制定《商标法》并未引起太大争议，制定《专利法》则引起了相当大的争议，甚至有人认为"《专利法》对发展中国家的好处等于零"。今天，关于中国知识产权制度的利弊之争让人再次听到同样的声音。

把仅仅适合多数发达国家乃至个别发达国家的知识产权保护水平强加给全世界，是发达国家的一贯做法。发展中国家的抗争，在制度总体层面从未奏效过。我们在经济实力尚无法与发达国家抗衡的今天，是接受对我确有弊端的制度，然后研究如何趋利避害？还是像 20 世纪五六十年代那样，站出来作为发展中国家的领头羊，再度发起一次类似 1967 年或 1985 年那样的战役？或干脆力促国际知识产权制度从 TRIPS 协议（世界贸易组织的知识产权协议）退到对发展中国家较为公平的水平？这是涉及确定我国知识产权战略的重大问题。

一些人在抱怨我国知识产权保护水平"太高"时，经常提到美国 20 世纪 40 年代、日本 20 世纪六七十年代与我国目前经济发展水平相似，而当时美、日的知识产权保护水平比我们现在低得多。这种对比，如果用以反诘日、美对我国知识产权保护的不合理指责是可以的，如果用来支持其要求降低我国目前知识产权保护立法的水平，或批评我国不应依照世贸组织的要求提高知识产权保护水平，就是没有历史地看问题。20 世纪 70 年代之前，国际上"经济全球化"的进程基本没有开始。我们今天如果坚持按照认为合理的水平保护知识产权，而不愿考虑经济全球化的要求以及相应国际条约要求的话，从一国的视角看，这种坚持可能是合理的，从国际竞争的大环境看，却只能导致在竞争中"自我淘汰"的结果。

知识产权制度的本质是鼓励创新，不鼓励模仿与复制，反对仿、靠、冒、盗。这种制度利弊几何，还会长期争论下去。我们认为，知识产权制度绝非无弊端，只要其利大于弊，或通过"趋利避害"可使最终结果利大于弊，就不应否定它。至少现在如果让科技、文化领域的创作者们再回到过去"吃大锅饭"的时代，恐怕并无响应者。至于创作者与使用者权利义务平衡方面出现的问题，可以通过不断完善"权利限制"去逐步解决；知识产权制度中对我们自己的长项（如传统知识与生物多样化）保护不够，也可以通过逐步增加相关的受保护客体去解决。一些关于制止知识产权权利滥用的规范并不在单行知识产权法中，而在诸如《合同法》"技术合同编"、最高人民法院关于技术合同纠纷适用法律的司法解释等法律文件中。

　　发达国家在20世纪末之前的一二百年中，以其传统民事法律中的物权法（即有形财产法）与货物买卖合同法为重点。其原因是，在工业经济中，机器、土地、房产等有形资产的投入起关键作用。20世纪八九十年代以来，与知识经济的发展相适应，发达国家及一批发展中国家（如新加坡、韩国、菲律宾、印度等），在民事立法领域逐步转变为以知识产权法、电子商务法为重点。这并不是说人们不再靠有形财产为生，也不是说传统的物权法、合同法不再需要了，而是说重点转移了。随着生产方式的变动，上层建筑中的立法重点也必然变更。一批尚未走完工业经济进程的发展中国家已经意识到，在当代，如果仍旧把注意力盯在有形资产的积累上，有形资产的积累就永远上不去，其经济实力将永远赶不上发达国家。必须以无形资产的积累（其中主要指"自主知识产权"的开发）促进有形资产的积累，才有可能赶上发达国家。改革开放 20 多年来，知识产权制度对经济发展的促进作用越来越明显，如袁隆平的高技术育种方案，改变了中国多少年来几亿人靠繁重劳动"搞饭吃"的状况；王选的"高分辨率汉字发生器"方案，使无数印刷工人告别了自毕昇、王桢以来在字盘上捡字的劳动方式。这类实例明白无误地告诉人们创造性劳动成果与模仿性（或复制性）劳动成果的巨大差别。

进入 21 世纪前后，美国等一些发达国家及印度、拉美的一些发展中国家，立足于知识经济、信息社会、可持续发展等，提出了本国的知识产权战略。尤其是日本 2002 年出台的知识产权战略大纲及 2003 年成立的国家知识产权本部，在很大程度上是针对我国的。几乎在同时，知识产权制度建立最早的英国发表了知识产权报告，知识产权拥有量最大的美国则在立法建议方面和司法方面，均显示出了专利授予的刹车及商标保护的弱化趋势。面对这种复杂的国际知识产权发展趋势，建议我国采取以下策略。

1. 对待知识产权制度不能因其有消极一面就从根本上否定其主要的积极作用。对于通过批判和国际斗争能够使对方放弃的知识产权条款，我们可以把重点放在批判上；经批判对方不可能放弃的，就要有对策，甚至可"以其人之道，还治其人之身"，不能"坐而论道"。例如，我们不赞成美国发起的"商业方法专利"、阻止竞争者正常竞争的"垃圾专利"或"问题专利"等，但如何应对必须仔细研究。我们的银行若没有服务方法专利，迟早要让人家牵着鼻子走。DVD涉外专利纠纷一案就是例证。该案实际还不能称作"案"，因为专利权人——外国大公司甚至连合同官司都还没同我们打，我们就开始交费了，每年要花60亿元。如果以后外国银行来索要"金融服务方法专利费"，就将不是每年60亿元，而是每年200亿元。届时，我国进入世界前500强的企业可能就要退出。

针对这个问题，我们只能采取尽早开发具有自主知识产权的商业方法专利之对策。当然，给商业方法授予专利违反法理，但美国数年之前就已给商业方法授予了专利并在推动其他国家承认商业方法专利，澳大利亚和日本也授予了商业方法专利，欧盟正在就此跟美国谈判。中国迟早会被国际金融企业逼上门。我们如果不搞这种方法创新以取得自主知识产权，就得自动退出国际金融市场。故对于靠批判改变不了的现实，我们应当采取的做法是：人有，我也有，且比别人的更好。

2. 针对国际组织的立法及其研究结果、外国立法及国家学说、几国如果联手等对我的影响等问题，我均应抓紧进行研究并提出对策。对于我们发明专利的短项——"商业方法专利"，国家专利局目前固然可以通过把紧专利审批关为国内企业赢得时间，但终究不是长远之计。美、日、欧在传统技术专利方面的"标准化"发展给我产品出口带来极大不利，如果美、日或再加上其他几个发达国家在"商业方法专利"上也向"标准化"发展，即实施"金融方法专利化、专利标准化、标准许可化"，对我国银行进入国际金融市场的影响就不仅仅是专利局把紧专利审批关所能解决的了。

近年，因国际上南北发展越来越失衡，国内外对TRIPS协议的批判很多。但无论如何，在经济全球化中，已经"入世"的中国不应也不能以"退出"TRIPS协议的方式自我淘汰，而应当在WTO框架内"趋利避害"，争取WTO向更有利于我的方向变化，并在这种变化发生之前争取在现有框架中更有利于我的结果。例如，在DVD涉外专利纠纷中，我们本可以依据TRIPS协议第31条（K）项，不按照6C集团的要求支付所谓的"专利使用费"。在国外，2002年的英国《知识产权报告》建议发展中国家把力量放在批判乃至退出WTO的TRIPS协议上；在国内，许多人主张弱化我国因WTO压力而实行的"已经超高"的知识产权保护等。这些表面上看是顾及了中国利益，有利于中国的经济发展，但实质上是误国误民。现在有许多人提出，我们仍旧可以并应当从知识产权的弱保护逐步向知识产权的强保护过渡。这是一个确实值得讨论的问题。多数发达国家从知识产权的弱保护发展为后来的强保护，都有一个相当长的准备期。但世贸组织的产生及中国的加入，阻断了我们也应当有的同样的"准备期"。这从局部看对我是不公平的，但从全局看则未必是坏事。

3. 加强对创新者、创新企业的知识产权保护。对创新者、创新企业保护不力是目前我国知识产权保护中的主要问题，妨碍了我国创新型经济的发展。建议从三方面入手解决此问题：一是完善相关立法（这需要主管机关与立法机关协调）。二是鼓励创新企业，打击恶意侵权企业，教育多数企业在重视创新的同时懂得运用知识产权策略应对竞争者。这点做好了将有利于使知识产权国际摩擦从国家层面为主逐步转为企业层面为主。三是加强知识产权司法与行政执法。

教育乃至要求企业在国际竞争环境中学会应对跨国公司的知识产权挑战，是使我国企业乃至整个国家在知识产权方面由被动转为主动的关键之一（另一个关键是真正打击故意侵权的企业与个人）。与 DVD 一案相对应，中国碱性电池协会 2004 年在美国依照 337 条款应对美"专利权人"的诉讼案就很能说明问题。前者是我企业在知识产权战中"不战而降"的事例，后者是我国企业以知识产权法律武器战胜对方的成功案例。我台湾地区 DVD 协会在同一时间的知识产权挑战中像碱性电池协会那样去应对，也取得了完全的胜利。这些是我国企业应当了解与借鉴的案例。现在我国电池业又在日本诉索尼专利无效，引起了世界各国的注意与尊重。事实上，与跨国公司打交道，那些能够熟练运用知识产权法律武器者反倒更受其尊重。这才是我们应当树立的榜样。

完善知识产权制度
落实知识产权执法（2006 年）

郑成思

一、知识产权保护不力削弱了我国企业的竞争力

中央正确地提出了建设创新型国家的目标。我们要实现这个目标，不能不重视和加强对创新者、创新企业所做出的创新成果的知识产权保护。在高科技产品的生产、创新文化产品的市场覆盖、国际知名品牌的占有方面，我国已被发达国家甩在后面，一些周边发展中国家正在超过我们。为使我们在全球化的国际市场竞争中占据更主动的地位，就要依靠进一步完善知识产权制度和落实知识产权执法，让国家与企业更快地熟悉和掌握知识产权法律这一武器。

印度在世贸组织产生之前甚至多年未参加《保护工业产权巴黎公约》，但从成为世贸组织成员后，在知识产权保护方面急起直追。我国在知识产权方面已经被韩国甩在了后面，不应再被印度甩在后面。在传统知识的知识产权

保护方面，我们与印度相比有较大差距。为保护印度传统知识之一的瑜伽功，印度政府专门成立了"特别工作组"，一方面检测国外批准的与瑜伽功有关的所谓"专利"及商标，组织异议及其他方式的抗争，另一方面在其成立的世界上第一个"传统知识数字图书馆"（TKDL）中完善瑜伽功的资料（翻译成 5 种文字），进而与世界各地专利审批部门联网以阻止外国对涉及瑜伽功专利的批准。我国学界则对远远多于、广于、深于瑜伽功的传统知识（如民间文学、中医药等）是否需要保护仍处于无休止的争论中。

我国知识产权的立法已经基本完备，与国际上大多数发展中国家相比要更先进一些，联合国世界知识产权组织历任总干事都称"中国知识产权立法是发展中国家的典范"。2001 年底我国加入 WTO 时，知识产权立法就已经完全达到了 WTO 中的 TRIPS 协议所要求达到的保护标准。在司法方面，知识产权法庭的法官素质高于国内法官的总体平均水平。法院在知识产权领域的一些判决水平也不低于发达国家甚至美国法院。例如，2004～2005 年法院对中国社会科学院 7 学者诉北京书生数字有限公司侵权一案的判决，1999 年王蒙等 6 作家诉世纪互联网有限公司一案的判决等都是实例。

我国建立知识产权制度后，企业自主知识产权（包括自主品牌）的拥有量和竞争力已经超过了多数发展中国家和极少数发达国家（如澳大利亚、西班牙）的企业。但是，国内为数不多的有一定竞争力的企业在国内外市场尤其是国际市场上，往往不是被跨国公司打倒，而是被国内知识产权侵权者的冒牌产品打倒。文化产业中的少数佼佼者也主要是受到国内知识产权侵权者的阻碍而不能正常发展。金山软件老总就多次讲到，1995年以后，该公司本来有机会发展到与微软公司平起平坐（至少在中国市场），但国内的软件盗版活动使之与微软的距离越拉越大。

印度2005年财政年度的软件出口是100亿美元，比我国要大得多。我国在这方面要赶上印度还要经历很长时间。这里的原因多种多样，其中之一是印度软件的保护比较严格，其法律规定最严重的盗版行为可以判处7年有期徒刑。国外碰到这种情况也会重罚，对这种以盗版牟取暴利的企业要罚得它倾家荡产，而且这个企业的法人信誉一辈子受这个污点的影响。而我国法院对此违法行为处罚较轻，这也是造成中国软件企业长不大的重要原因。打击盗版，重点应是打击那些专门盗版并大量出售以谋取利润的企业。

二、我国知识产权保护中存在的主要问题及其对策

1. 阻碍创新体制构建的问题之一是个人"维权难"。造成个人"维权难"的主要原因，既有司法程序的不便，也有人们包括领导层认识上的误差，且主要是后者。而造

成"维权难"在司法程序方面的原因是，个人举证难，诉讼成本高，与赔偿额远远不成比例；个人与公司（侵权人往往是人力、财力很强的公司）对阵力量过分悬殊，法律向弱势权利人倾斜不够；中小企业的自主创新者也面临被侵权却无可奈何的局面。例如，知名品牌"好孩子"的老总宋郑还 2004 年 4 月在"江苏省知识产权战略论坛"说，他在美国诉过一家侵害"好孩子"专利的美国企业，结果是使那家美国侵权竞争者破产；在中国诉过十几家侵害"好孩子"专利的企业，虽然法院判决结果均是"好孩子"胜诉，但几乎所有被判侵权的企业不是能够原地不动地继续侵权，就是改头换面继续侵权，其"胜诉"的经济结果是使自己受到更大损失。这个对比非常值得我们深思。

2. 司法与行政执法机关对自主研发和创新型企业的知识产权保护执法力度不够。从知识产权角度看，可以把我国的企业分为三类。第一类，诸如大企业中的"海尔"、"华为"、"海信"，中小企业中的"好孩子"。这些企业均有重大的自主创新成果，又均在对内、对外的维权纠纷或被在外国企业提起的知识产权诉讼中居于主动地位。这一类中还有诸如"联想"这种通过购并外企成为"你中有我、我中有你"，使"涉外"知识产权纠纷无以存在，进而占据主动地位。可惜这类企业在我国只占少数。第二类是靠"仿、冒、盗"经营的"侵权发展型"企业。这类企业并非偶尔或过失侵害他人知识产权，而是靠侵权起家，以侵权求"发展"。这类企业的绝对数量并不少，但总量在我国只占少数，其负面影响较大。在侵权风险很低而创新成本很高的情况下，第一类企业不可能与第二类企业竞争。居第一类和第二类之间的是占绝大多数的第三类企业。它们多处于"观望"状态，即看国家与地方主管部门对侵害知识产权是否进行有效打击。国家号召学习第一类企业并树立这类企业为榜样固然重要，但如果在树立第一类企业的同时却让第二类企业依旧能够顺利经营，那么大部分第三类企业就会效法"侵权发展型"企业，因为这毕竟省时、省力、省钱，风险也更小。只有实实在在地发挥知识产权保护作用，维护研发和创新企业的利益，我们所提出的"建设创新型国家"的战略目标才可能落到实处。

因此，国家和各级司法与行政执法机关对知识产权保护的明确态度，是决定我国大多数企业是向第一类还是向第二类企业转化的关键，亦即决定我国是走自主创新型经济之路，还是走跟在别人后面"仿、冒、盗"型经济之路的关键；第一类企业能否发展，能否在竞争中不被第二类企业击垮，知识产权的执法力度与执法结果也十分关键。

立法建议

我国应制定《物权法》
还是《财产权法》?[*]（1996 年）

郑成思

"物权"是日本早年从德文 Dingliche Rrchte 译过来的，在英文中即 Real rights。日本的译法被我国台湾地区沿用，后又被大陆学者沿用。这个译法本身并不十分确切。不过主要问题还不在译法上。

《法国民法典》中不提"物权"，而提"财产权"。这是 19 世纪初的事。发展到《德国民法典》方提"物权"；其后被日本法、台湾"法"所效仿。这是 19 世纪末到 20 世纪中叶的事。20 世纪后期，国际上，民法的发展有"返回法国民法典"的趋势。其主要原因之一，是"知识产

---

* 郑成思先生（时任中国社会科学院法学研究所副所长、中国社会科学院知识产权中心主任）2006 年上半年在澳大利亚进行学术交流，有机会与该国的民法学者及在该国进行交流的日本、德国、美国民法学者共同讨论，并有机会通过国际网络阅读到大量较新的民法、物权法及财产权法的资料。在这个过程中，郑成思先生感到，我国民法界一些同志力主早日制定中国的"物权法"似有不妥。本文系中国社科院信息交流平台对郑成思先生撰写的有关政策意见摘报。——编者注

权"与无形的"服务"（service）的重要性越来越盖过有形"物"或有形商品。

目前，金融服务、邮电服务、律师服务、医疗服务、咨询服务、航空服务等等行业飞速发展，他们对社会财产的构成起着举足轻重的作用。而这些基本与"物权"无关，同样是"物权"无法包容的。应当说，"物权"在社会上的财产权构成中的比例已越来越小。在关贸谈判中，美、欧在三年前已将本应是有形货物进出口的"音像制品"国际贸易，毫无争议地纳入"服务贸易"的轨道。我国大量存在的盗用他人电话、呼机码（邮电服务），显然侵犯了他人财产权但又显然与"物"权无关。

目前，世界上的"首富"者，并非据有任何土地或房产的人，而是微软公司发明"95 视窗"软件的盖茨（即知识产权拥有者）。美国最大的公司之一"美国电报电话公司"，于 1994 年曾被政府强令分割，原因是其拥有的财产额过高，担心其有垄断的可能。而该公司财产来源主要是向国际国内市场提供通讯"服务"，而不是提供有形商品（即"物"）。中国的高校中财产数额最高的，也是激光照排（即"高分辨率汉字发生器"专利）的拥有人北大方正集团等。

如果我们不看国际、国内形势的发展，仍旧以台湾"法"为主要参考，抱定"物权"重心论，我们有可能再弄出一个考古式的"物权法"草案，可能再次走弯路。

　　建议多征求留学归来学子们的意见，再斟酌一下是制定"物权法"好，还是"财产权法"（其中自然包括"物权"）好。在民事立法上，我们不可崇洋，但也不可太推崇台湾有关"法"。台被赶出联合国二十余年，与世界大多数地区在立法上交流甚少，其立法理论及现有"民法"已有不少关键的地方大大落后了。对这一点，我们应当有清醒的认识。

　　国内有学者将"物权"说成是欧陆法系国家特有的概念，而将"财产权"说成是英美法系国家特有的概念。这种说法从历史上看是不确切的，它忽视了欧陆法系主要国家法国；从当代的现实看，这种说法是不正确的，它不了解"财产权"概念已渗入众多欧陆法系国家的现实。在两大法系的学者及立法者们均深入研究法国民法中"财产权"体系、美国刑法中将"服务"等无形活动的提供视为"财产"之时，我们如果仍仅仅抱定自己较熟的台湾"法律"中的"物权"，在法理上与立法实践上都可能落后。

　　当然，我并不是建议现在就把知识产权、服务等等明文列入财产权法。这可能显得过于"超前"——有些问题我们还拿不准。只是认为：如果我们着手制定"财产权法"，在今后国际条约及国际经济交往的实践中，一旦需要将"无物财产"纳入该法去规范，我们法律的门将是敞开的。如果我们立了一部"物权法"，则把日益占重要地位的"无形财产"纳入的路子堵死了。

关于制定"财产法"而不是"物权法"的建议（2001 年）

郑成思

一、无论在物权法中还是在将来的民法总则中，使用"物权法"还是使用"财产法"，有必要认真研究。

关于使用"财产法"的建议，是我在 1997 年读到同样是从计划经济向市场经济转轨的越南所起草的《民法典》时，受到启发而提出的。由于我国多数民法学者的基本概念来自台湾地区、日本、德国等使用"物权"概念的民法中，故至今我的建议不被我国民法界接受，但我仍旧希望立法机关能够认真研究一下这个问题。

二、法律乃至整个社会科学领域应当过问的是人与人的关系，不是人与物的关系。"物权法"开宗明义就须界定什么是"物"。这是与我国民法学者们在他们的"民法总论"中大都认为"民法调节人与人、人与物、两个人与第三人这三种关系"有关的。而认为"民法调节人与物的关系"的论点，我认为并不正确。我们可以从马克思在《哥达纲领批判》中第一段的论述中推断出的，诸如阳光、风力乃至雷电等等，都是"物"，其中有些甚至可以是"财富"，但它们显然并不属于法律规范的对象。即使真如一些民法学者所说"物权法是调整财产归属的"（而不可能调整上述"物"的归属），那么称"财产法"而不称"物权法"就更加合理一些，也是显而易见的。

民法典的始祖法国民法典并不使用"物权"。20 世纪 90 年代两个曾经与我国制度相同的国家俄罗斯与越南的新定民法典，也不使用"物权"（俄罗斯民法典中提到物权，越南则根本不提）。

自 19 世纪中叶以来，即使不赞成马克思主义理论的西方法学家，也有相当一部分赞同并转述着马克思主义理论中的这样一个观点："财产"不过是指人与人之间的一种关系。这种观点，直到 20 世纪末叶，仍旧被西方学者转述着。例如，在德莱豪斯的《知识产权哲学》一书的开始，我们就可以读到下面一段在马列著作中屡见不鲜的论述："把财产看作物，而不看作人与人的某种关系，即使不是完全错误的，也至少是毫无意义的。"

但是，财产（无论动产还是不动产）一般会首先表现为某种"物"。因此，在马克思主义出现之前，财产往往被看作是人与物之间的关系，甚至是物与物之间的关系。

三、我国由于大致从改革开放的 20 世纪 70 年代末才真正允许对财产法的研究，现有民法中财产权理论几无基础。一些作为教材的论著把财产法所规范的关系（至少其中一部分关系）归纳为"人与物之间的关系"。他们忘记了：只有自然科学才可能研究人与物的关系。在社会科学中，在法学中，在法学的民法项下的财产法中，当我们讲到某物归某人所有时，我们讲的实质是该人同其他一切人的一种关系。这是人与人的关系，法律要规范的正是这种关系，而绝不会去规范人与物的关系。当我们讲到某甲欠了一百元债。在财产法中也绝不能停留在甲与这一百元的关系上。任何律师都会进一步提出："欠了谁的?"这仍是人与人之间的关系。所以，把财产法归纳为规范人与物的关系的论述，失误在把现象当成了本质。这种论述本身只停留在了门坎上。

无论是法国民法中以财产权开头还是德国民法以物权开头，接下去都会立即涉及"所有权"然后方是"用益权"等等。又无论从财产权理论出发还是从物权理论出发，相关法条及学者的专著，又都把财产的分类或物的分类，首先划分为动产与不动产。马克思认为：这种划分法，目的在于掩盖"剩余劳动"中隐藏的阶级剥削关系。但从另一方面看，这种划分有助于分别不同客体去研究各种法律关系，即较有条理地去"入门"。所以，无论在马克思之前还是之后，至今这种划分一直继续着。只是德、日法理体系的"物"的概念，这样一划分，又回到财产概念了。动产（Movable Property）与不动产（Inmovable Property）都重新使用了可移动与不可移动的"财产"

（Property）概念，暂时放弃了"物"（Real Thing）的概念。只是在未能仔细考虑将外来文字转述恰当的我国著述中，才出现过在"物"的大项下，"动产、不动产"随之又与这二者并肩存在的"财产"这种十分值得商榷的划分法。在中文里，的确有人看不出这种同语的重复和逻辑上的冲突。

由于"财产"几无例外地必然联系到"权"，所以，在不少国家的法律条文和法学著述中，"财产"与"财产权"往往交替使用，却指的是同样对象。甚至在同一个题目下，对有的财产直称"财产"，对有的财产则称"财产权"。各国法乃至国际公约，更是时而称知识产权为 IP（知识财产），时而称 IPR（知识财产权）。甚至在同一公约、同一条文中，针对同一事物，也这样交替使用。最明显的例子是几乎缔结最迟、法律用语上本应是炉火纯青了的 Trips（即《与贸易有关的知识产权协议》，参见该协议英文原文文本第 4 条与第 5 条）。这些说明：在民法及其分支财产法的研究中，在人们通常可以理解其本义的情况下，没有必要去咬文嚼字。

四、我认为，从马克思主义的观点出发，并认真参考现有国外民法典的成例，可以顺理成章地把民法典归纳为三个部分。一是人。这是民事权利主体。这部分包括家庭、婚姻等等。二是财产权（即一人对一切人的民事权利）。三是债权（即一人对某一个或某一些特定人的民事权利）。这样的归纳可能比目前许多持"物权"论的民法学说更加合理、科学一些，它至少不会产生把物都当成财产或把债都当成财产那样的误解或误导。

五、在当代社会，缺少了信托制度，则动产、不动产、资金中的相当一部分，均难以得到有效的利用。于是原先一直坚持"一物一权"信条的法国、日本等等，均先后从英美法系引进了这一制度。有人曾形象地借德国人的话表达出德国法中的"形而上学"在面临信托制度时遇到的困难："你认为应该把信托列入《德国民法典》的'债权篇'还是'物权篇'"？

如果遇到任何法律问题，都只愿走一概念、二定位、三法律体系、四法律关系的思路，那就有不少路走不通，问题解决不了。欧陆法系国家在本世纪一再引入英美法系的"预期违约"、"即发侵权"、"反向假冒"等初看起来在法理上说不通的概念及原则。更进一步讲，至于欧陆法系国家学者自己，都在十多年前已承认诸如财产所有权的"三项主要功能"（使用、收益、处分）虽看起来十分合乎逻辑，却实质十分肤浅。这些，已向学习欧陆法系法理的学生们指出：老师的观点在发展变化、学生绝不可再墨守成规了。我们立法者在以学生的身份从德国、日本（直接是从台湾地区）引进"物权"概念时，如果真的自己陷入"见物不见人"，并且法律从题目到内容也实际引导国民"见物不见人"；而今天就连西方学者都认为马克思关于民事法律或财产法律关系中"见人不见物"的原理仍旧适用，那么我们可能被人视为在两个方面都没有成为合格的学生。

六、对使用"财产权"概念的异议，最初可能是由语言障碍引起的。原因是整个现代民法体系，都几乎是从"外"引进的。而学者中的一部分又偏偏不重视外语。如上所说，有的学者断言"债"也属于"财产权"，同时却又指出：财产法是规范财产归属的、债权法是规范财产流转的。至于"转移"这种动态自身怎么又成为"财产"了？却没有给予答案。也许难以回答。实际上，这是把"debt"（债）与"obligation"（债、责任、义务等等）混淆了。debt 确属财产权。而 obligation（责任、义务）是否也属于财产权？就是说，是否在人身权之外就只剩下了财产权？这就大大值得商榷了。所有西方国家民法的债权篇（Obligation）均是与"财产权篇"（Property）分立的，绝不可能出现前者也属于后者的混淆。

再谈应当制定"财产法"而不是制定"物权法"（2001 年）

郑成思[*] 薛 虹[**]

我国在制定、颁布调整市场经济的法律文件的过程中，应当学习、借鉴国外的立法经验，但前提是对国外立法的理论基础和法律体系进行过深入的研究，理解了国外经验之所在。否则，自以为某项优点未必是优点，自以为某国立法的某项缺点也未必是缺点。

在"合同法"告一段落之后，"物权法"又成为新的焦点。其实关于"物权法"的研讨和争论已经有很长一段时间了。与"合同法"相比，"物权法"的制定要复杂得多。

一、究竟什么是德国的物权法

一种观点认为，《德国民法典》采纳了物权而不是财产权的概念，在民法中建立了一个独立的制度，即物权

---

[*] 时为中国社会科学院法学研究所研究员。——编者注
[**] 时为外交学院博士，现为北京师范大学教授。——编者注

法，并在此基础上形成了民法典的科学体系；《法国民法典》采用了财产权的概念，在财产和财产权的规定方面显得比较凌乱，如果我们要采纳法国的模式，不仅要排除物权的概念，而且要彻底改变法典的体系。

在讨论《德国民法典》的"科学体系"之时，需要对《德国民法典》的物权法体系有整体的把握。《德国民法典》"总则编"包括民事主体制度和法律行为制度两部分，其中法律行为制度是其核心内容。法律行为概念之所以能够被成功地抽象出来并在德国民法总则中拥有牢固的立足之地，其根本原因是德国民法分则各部分必须包含有具体的法律行为，即"物权法的法律行为"、"债权法的法律行为"、"亲属法的法律行为"、"继承法的法律行为"。法律行为制度是总则编的核心内容，而物权法的法律行为（物权合意）与债权法的法律行为（合同）是法律行为理论的支柱。如果没有"物权合意"的创设，也就难以从物权法和债权法中抽象出"法律行为"的概念。可见，法律行为制度的成立是物权行为和债权行为共同支持的结果。无物权行为理论，则无法律行为制度；无法律行为制度，则无民法总则编设立之必要。故物权行为理论是德国民法典体系建立的基础和支柱之一。

因此，要学习和接受德国的物权法体系就不能回避或否定物权行为的独立性和无因性。但是，物权行为是高度的理论抽象，在没有德国法律传统的国家引进物权行为的概念是非常困难的。我国广大学者早就指出独立的物权行为在我国不能成立。不符合我国司法实践和人民习惯。我国曾经出现的"物权法"草案也没有承认所谓物权行为的独立性。然而，抛开了独立的物权行为，谈借鉴德国民法典的"科学体系"就无异于断章取义，甚至歪曲原意。

没有了独立的物权行为，物权就只能从合同等债的行为中产生，即物权的设立都可以建立在同一债权合同基础上，因此"债"就是取得"物"这种有形财产的方法。我国合同法制定过程中，将合同的定义由"设立、变更、终止债权债务关系的协议"改为"设立、变更、终止民事权利义务关系的协议"，就足以说明根据我国合同法的规定，合同不仅是引发债权、债务关系的法律事实，而且可以是引发物权关系的法律事实。从这个意义上说，我国一直采取的体系恰恰接近于法国民法典的体系（即分为财产和取得财产的方法），而不是德国的体系。

二、明确不同含义的"财产权"

有学者主张财产权是个上位概念，包括债权、物权、知识产权等十分广泛的具有财产价值的权利。用财产权代替物权，将把除人身权以外的全部权利囊括其中，就不应该有独立的债和合同制度。

主张用来代替"物权"的"财产权"显然并非所谓上

位概念"财产权"。把财产权定义为包括物权、债权、知识产权等之上的总的权利已经被证明是错误的观点，而且这种一直沿用的提法有很令人费解之处。这种观点属于受了德国法的不完全影响。德国法中不使用财产权的概念，也不把物权和债权统一到财产权上。如果硬要把非常不同的物权和债权统一到财产权的旗下，就只能抽干了物权和债权的全部不同（绝对权和相对权的不同，对世权和对人权的不同），归结为都属于经济利益的权利这一空洞的基点上。但即使在这一点上，也是不正确的。债不仅包括财产利益（debt），还包括非财产的责任、义务（obligation）。

因此，我们主张"财产法"的"财产权"应该定位为不包括债权的对世权，而不是被掏空了内涵的所谓总括性的权利。"债"作为取得财产的方法，应该有独立的债及合同制度（债权的特性在于对人性，对世化了的债权应当被归入财产权范畴）。财产法并非无所不包，是与债法并列的法律制度。

三、财产法不会扰乱民法体系

否定财产法的学者认为财产法会打乱民法体系，不能严格区分物权和债权，不能区分一般债权和担保物权。

其实这些忧虑都是没有根据的。学习外国立法经验，当然应当注意研究其体系结构，更要注意研究其本质和精神。《法国民法典》与《德国民法典》一样历久不衰。仅就调整有形财产（物）关系而言，并不存在所谓德国"物权"关系明晰而法国"财产"关系混乱的状况。法国的他物权（用益物权和担保物权）同样非常发达。这就像从喜马拉雅山南坡登顶可以成功，从北坡登顶也可以成功一样。如果不把"财产权"作为统辖债权、物权的所谓"上位概念"，就不会打乱我国的民法体系，也不会无法区别财产权和债权。当然，债权、物权的区别并不是绝对的，在我国的民法体系中，"债"与"所有权及与所有权有关的财产权"两部分本来就是相通的，并不如《德国民法典》那样严格。区分严格或者不严格，一是取决于体系的完整性、一贯性（如德国的严格区分就是一贯的、体系化的，我国学者则只取了其中一部分），二是取决于调整现实法律关系的需要。当不需要严格的时候，就不应当严格区分。采用了财产权的概念也不会导致所谓"他物权"与一般债权的混淆。财产权对世性的凸现已经决定了其在多个权利冲突中优先于对人的一般债权的地位。权利的称谓并不重要，重要的是法律的规定及公示、公信制度的建立和完善（证明其对世性）。公示、公信制度在物权法框架下可以建立，在财产法框架下同样可以建立。

四、建议用"财产法"代替"物权法"

设立财产法而非物权法，根本原因在于，物在财产中的比重已经很小，"物"又是一个缺乏弹性和延伸性的概念。如果以"物权"为起点立法，就会造成调整社会财富关系的基本法律却将社会财富的主要部分排除在外的结果。这种结果是完全不能被接受的。

20 世纪后期，无形财产和无形服务作为社会和私人财产的重要性日增，越来越与有形的"物"分庭抗礼。目前，金融服务、邮电服务、计算机网络服务、医疗服务、律师服务等行业快速发展，在社会财富构成中所占比例越来越大。但是"服务"与"物"或"物权"没有直接关系，仅以合同法的体系容纳或规范，不足以保护和促进这些服务行业的发展。在建立世界贸易组织的国际多边谈判中，欧、美、日等国际贸易的几强都将服务贸易、货物贸易和知识产权并列为国际条约规范的内容。当然，"物"或"物权"也不能容纳以知识产权为代表的无形财产。

法国法采取了"财产"的概念，这一 19 世纪初的选择却正好迎合了 20 世纪末的现实。财产和财产权的概念完全能够包括无形财产和服务的内容。当然，对于无形财产中的知识产权，法国另立了知识产权法典。

我国如果真要制定一部调整社会财产关系的基本法

律，就应当认真考虑法国法中财产权的概念，不要再把有形的"物"作为主要的、甚至是惟一的财产形式来对待，也不要把蒸汽机时代形成的规则移植到网络时代。

应重视新技术的应用
对我国立法的影响（1997 年）

　　为适应全球已经于 20 世纪 80 年代末开始的 EDI（电子数据交换）商业合同，及 90 年代初发展起来的国际互联网络商业合同，联合国国际贸易法委员会（以下简称"贸法会"）于 1996 年 7 月和 1997 年 2 月通过了《电子商业示范法》与《电子商业工作计划》；美国克林顿政府于 1997 年 7 月公布了一份《全球电子商业框架文件》。其中对于受数字技术影响而在合同法领域发生的新问题，均有许多较明确的答案及建议，有些已经反映到新近修改合同法的一些国家的法律中。这是非常值得我们重视的。尤其是联合国贸法会的文件，可能很快形成一个国际公约，而我国一直在该会中起着积极作用。我国正在起草合同法等有关民商法，参考与借鉴国际组织与外国当代的（而不是已成为历史的）成例，显得尤为重要。

　　例如，就采取"书面形式"订立合同而言，"书面形式"包括哪些内容？全世界均已很重视的 EDI、Email 等形式，并未反映在我国现有合同法草案（第七条）中。联合国贸法会认为：书面形式"应包括，但不限于 EDI、Email 等接收或存储的电子信息形式，亦即'数据信函'（Data Message）形式。"由于这种形式很快会成为最重要的形式之一，它不应仅仅被归入法律中"等等"（即让人去推论）的类别中。美国已有一批较大的公司拒绝与不具备数据信函往来条件的外国公司开展贸易，而且这种做法正在发达国家的对外贸易中扩展。在 2010 年之前，通过计算机网络谈判与缔结商贸合同，可能成为国际通例。

再如，联合国贸法会文件，已要求各国合同法给"电子签名"下明确定义，并在这个前提下采取措施取消贸易合同中有关"亲笔签名"方才算数的强制性规定，以认定"电子签名"的法律效力。这又是在国际贸易合同实践中已出现数年，而我国合同法草案中却毫无反映的一个问题。

又如，有关合同生效的时间及地点问题。我国合同法现草案（第十八条）所说的"自双方当事人签字或盖章时"合同成立，以及草案（第十九条）所说的"双方当事人签字或盖章的地点"为合同成立地点，有着明显的不足之处。在"总则"中的这几条规定，似乎排除了三方或三方以上合同的存在。而在国际贸易活动中，这类合同是大量存在的。不过这还不是最重要的问题。

几年来国际互联网络中的合同谈判与缔结，已使人们认识到一旦进入"国际"互联网之后，传统的合同成立时间及地点是极难确认的。因此联合国贸法会文件规定："对于数据函件，应将收件人（无论是要约方还是承诺方）主营业地视为接收地；如其没有主营业地，则将其惯常居所视为接收地，除非当事人之间另有协议"。"如果接收人指定一特定计算机系统接收数据函件，则该函件进入该特定系统时间，视为收到时间；如其未指定特定系统，则有关数据函件进入接收人在全球的任何计算机系统的首次时间，被视为收到时间"，并以此进而推定合同成立的地点与时间。这些规定对于当代商业合同都显得更明确，更精确，更符合网络环境的实际。至少，我感到在我国正起草的合同法条款中，增加上述有关内容是必要的。

类似的问题还有一些，不复一一例举。

同样，在已经或将要起草的法律中，在行将修订的一部分法律中，也会有同样的问题存在。国家立法机关、法律起草的牵头主管单位、法学界的有关同志，均应结合我国实际（主要指市场经济中已受到高科技影响的实际），参考国际上的成例，加强相关研究。这并不是说我国法律要立即达到发达国家那样的市场调节的标准，而是说我国法律中不应缺少为调节现代市场经济而不可缺少的内容。例如网络环境下的新的特有内容。

采取有效措施解决"域名抢注"问题
——在互联网络环境下保护
我国企业的知识产权[*]（1997 年）

郑成思

一、国际互联网络中，工商企业多集中在".com"上注册域名。所以，至今绝大多数人谈"抢注"，仅限于工商企业的商标或商号的英文名、英译名或英文缩写名被他人先在".com"上注册的情况。事实上，如果一所名牌大学（如北大——Beida 或 pku）被人在".edu"上或在".edu.cn"上抢先注册，对该大学来讲，同样是十分头痛的事。希望国内有志于直接在最高域位如".com"、

---

* 从 1996 年下半年到 1997 年初，我国不少企业发现其商标名称或企业名称（或二者兼有），被海外机构在先于互联网络上注册为域名，妨碍了我国企业以其公众熟悉的名称进入国际互联网络，进而进入国际市场。"域名被抢注"问题在发达国家的出现比我国早一年，即 1995 年到 1996 年初。1996 年 1月，郑成思先生曾把发达国家发生的"域名抢注"问题在《中华商标》第一期上提出，以提醒国内企业注意，但当时没有引起足够重视。直到 1996 年下半年，设于香港的某公司已大量完成"抢注"并妄图以此牟利时，国内有关企业才感到自己已面临棘手的难题。本文系中国社科院信息交流平台根据郑成思当时的撰文中对这一问题的分析摘报。——编者注

".edu"、".org"等等上建立自己的"主页"（Home Page）或电子信箱"Email Box"的任何单位，不要再等别人已"抢注"后才开始着急。

如果只打算在".cn"（中国）的域位上入网，则不必着急。中国的入网工作，总的是由国家管理的，不太容易出现大量"抢注"；即使偶而出现，在本国也较容易解决。

除中国外，仅有新加坡等少数国家由政府主管部门管理或直接干预互联网络域名注册。大多数国家是由商业性民间机构负责这项工作。而且绝大多数国家及有关民间机构目前均采取"先注册占先"的原则，一般并不负责去查询或检索注册人是否系相应文字商标或商号的合法所有人。至今尚没有任何国家在商标法或商号法中明文规定：拿了他人的注册商标或商号去进行域名注册，本身会构成侵权。

从"先注册占先"原则可以推论："抢注域名"本身并不属于违法行为。这与"恶意在先注册"要区别开。

国外的域名注册机构之所以不负检索责任，主要原因是各国普遍承认域名与商标的作用及获得途径完全不同。二者发生冲突时，在多数情况下并不意味着"商标侵权"。

域名的作用类似电话号码。在计算机网络中打出对方域名而访问对方"主页"或与对方电子信箱交流信息，与拨通对方电话号码同对方通话非常近似。

此外，同一个文字商标有可能被不同企业同时使用，只要所经营的商品或服务类别不同。例如，使用"长城"商标的，有电子企业、风雨衣厂家，还有葡萄酒生产者。它们可以"相安无事"地使用同一个"长城"商标（或英文 Greatwall）。但在网络中，在同一个域位（如".com"），绝不可能允许两个 Greatwall 同时出现，不论它们是否用在同类商品或服务上。

从另一个角度看，在域名注册中，只要两个名称稍有不同（或完全相同但排列方式稍异），就可以同时分别获得注册。例如：电子长城厂家如果先用"Greatwall"取得域名注册，并不妨碍风雨衣厂家再用"Great－wall"注册。因为计算机对任何细微的差别都是可以识别的。而在商标注册程序中，如果两个文字商标之间的差别仅仅是一个连字符"－"，而两个厂家又经营同类商品（对于驰名商标，即使不经营同类商品），必然被商标局依法驳回注册申请，不予注册。原因是后一商标与前一商标"近似"；而"近似"将引起消费者误认。消费者的识别能力，就这一点来讲，是无法与计算机相比的。

正是由于这些原因，目前国际上并没有轻易断言域名与商标权一旦冲突，就必然构成侵权。

二、解决被"抢注"的途径有很多。

首先，有一部分海外机构"在先"（此处不用"抢先"）以他人商标或商号注册了域名，并非有意也并非恶意。有的是在使用英文缩略语时产生了"偶合"。遇到这种情况，往往通过与对方对话、谈判，要求对方转给或低价转让其域名，是可以奏效的。国内已有过这种先例。

第二，无论善意在先注册的对方不肯转让域名，还是恶意抢先注册（即"抢注"）的对方索要高价方肯转让，我方企业完全可以不再理会对方，而通过在自己的文字商标或商号中加连字符、加点（多一个"."，照样可以获得同一个域名的注册）、加"中国（China）等等并不影响自己商标整体的简单内容，自行再申请注册。这种申请一般均会被域名注册机构所接受。

第三，法院诉讼。走这一条路时，切记勿轻信别人的怂恿而去抢注者所在外国诉讼。其结果反倒可能不如在国内诉讼，而后通过司法协助双边协议由对方国家去执行。在1996年年底到1997年年初，英国高等法院曾判决一起"抢注"纠纷，原告系英国公司。判决要求在美国的互联网络域名注册机构撤销抢注者的注册。该美国机构一个月后执行了这一判决。这就是国际上有名的 Harrods 判例。但应注意的是：该抢注者在抢注之后，又在网络广告中使用该域名，宣传了与原告相同的商品，所以被依法判为"商标侵权"。抢注域名行为"本身"，未必构成侵权；还必须加上在贸易活动中使用抢注的域名，方有可能被判侵权。

而抢注我国企业商标的某香港公司及其他海外机构，只是在抢注后与我国企业谈判转让、索取高价，他们自己并不在贸易中使用。这就很难引用上述判例指控对方侵犯商标权了。

不过，如果我国被抢注的是已被认定为驰名商标的文字，则不论抢注者是否已在贸易活动中使用，均可能被判违法而撤销。从外国判例看，美国法院1997年初在Inter-matic一案中，曾判决抢注他人驰名商标为自己的域名，违反《反商标淡化法》，构成了对驰名商标显著性的"冲淡"，因此应予撤销。从国际组织的观点看，由国际互联网协会（ISOC）、国际电讯联盟（ITU）、世界知识产权组织（WIPO）、国际商标协会（INTA）等组织共同组成的"国际互联网专门委员会"（IAHC）在1997年发布的一份文件中建议：在网络环境中，国际驰名商标所有人有权请求由世界知识产权组织管理的"域名异议管理委员会"裁决撤销抢注者的域名，只要该商标的驰名是"国际性"的。

第四，涉外仲裁。过去，我国有的法学著述对仲裁有过误导的解释。它告诉人们：只有合同本身的纠纷才能提交仲裁机构（尤其是国际商会仲裁机构）去仲裁。事实上，民商领域绝大多数纠纷（包括侵权纠纷），只要当事双方同意仲裁解决，均可提交仲裁。我国及其他参加1958年《纽约仲裁公约》的国家的法院，都将协助执行来自外国仲裁机构的合法仲裁裁决。此外，世界知识产权组织从1994年起成立的仲裁中心，更是专门接受涉及知识产权纠纷的仲裁申请。

最后，"国际联网专门委员会"为了解决目前已经存在的网络上的域名冲突（未必限于恶意抢先注册的冲突，不同企业合法使用相同商标——如"长城"——也已经产生不少冲突），建议在 1997 到 1998 年，开通七个新的最高域位——（1）".firm"（2）".store"（3）".web"（4）".arts"（5）".rec"（6）".info"（7）".nom"。原先没有来得及注册域名而由他人在先注册的单位，如果又不希望采取加"-"或加"."的方式注册，仍有机会在新域位上注册。例如，凡从事工商及其他活动的公司，均可申请在".firm"上注册，其效力与".com"域位上获得的域名注册相同；从事商品买卖的，则可在".store"上注册；从事信息产业（如软件、计算机）的，可在".info"上注册，等等。我国的有关企业及单位，应密切注意开通新域位的信息，切不可再次失去机会，被他人又在新域位上再次"抢注"，或仅仅把注意力放在未必有打赢官司把握的所谓"国外诉讼"上，而放弃了自己在新域位上注册的权利。

三、对于目前国内外普遍存在的国际互联网络中的知识产权新问题，如果不认真研究，将会使我们处于被动状态。目前，域名注册与商标等权利的冲突，已使缔结国际条约加以解决成为必要。政府间国际组织如 WIPO、民间国际组织如 INTA 等等，均提出了一系列问题。例如，域名注册从申请到批准的异议期问题，申请人证明其并非恶意抢注的证据问题，被抢注人的有力证据能否使域名注册机构不经法院审理即先行中止抢注者的使用权问题，各国商标法或反不正当竞争法对域名抢注的应有态度问题，等等。我国主管部门（如邮电部、国家工商局等等）应当从现在起就设专人、立专门课题加以研究，否则很难在将来的外交谈判中，争取到有利于我国的结果。而这些问题，已经摆在我国及我国一大批企业面前，可能很快也会摆在我国一批科研院所、大专院校、民间团体面前。研究在我国最适当的解决这些问题的途径，研究以何种形式开展国际合作最有利于我国企业（通过网络）进入国际市场，已经一点也不超前了。根据英国"国际传输经营协会"（ICM）的预测，到 2000 年（即三年后），全世界商品贸易的 20%，都将通过互联网络开展。今天，我们有的企业已遇到这种情况：外国企业拒绝与尚未上网、尚未有 Email 地址或没有自己网上域名的企业打交道，因为外国企业的一大部分合同，都已经是通过计算机联网签订的"无纸合同"。

在国际互联网络环境中保护我国企业的知识产权，也与我国已开始的"名牌战略"密切关联。不具有"国际驰名"地位的商标，不能要求国际组织撤销抢注者的域名。而目前有些外国企业，专门把质量高价格低的中国商品，抹去中国原有商标，换上它们的商标进入国际市场。这就是"反向假冒"。例如,我国的"灯塔"牌航空航天油漆,就屡遭这种厄运。我国对商标作用缺乏研究的人们,认为这种行为对我国商标"并无损害",看不到它实实在在地阻碍了我国在国际市场创名牌。美国商标法从1946年起,意大利、西班牙、葡萄牙商标法从80年代起,法国商标法从1992年起,均有明文规定将这种反向假冒视同冒用他人注册商标,给予制裁。英国及一批英联邦国家,则在其商业名称法中,以刑事制裁禁止反向假冒。澳大利亚是较少的在商标法中即以刑事制裁禁止这种行为的国家。我国对此却没有明文规定,只能"比照适用"反不正当竞争法第九条。这对于我国企业是不利的。与网络中的知识产权问题联系起来看,这种商标保护方面的缺陷至少不利于我国名牌取得"国际驰名"地位、进而更有力地打击域名抢注者。

应重视"网络法"的研究与立法（1999 年）

郑成思

　　"网络法"是 20 世纪 90 年代中后期，因国际互联网络的广泛应用及电子商务的迅速发展而产生的一个新的法学概念。我国使用网络的人 1997 年仅 30 万，1999 年上半年已发展到 400 万，即以每年 10 倍的速度发展。国外网络用户（包括企业）的发展速度，也同样是惊人的。国外从 1997 年起，已经出版了一批有关"网络法"的学术专著。多数发达国家及一部分发展中国家已经开始"网络法"的制定与完善。它也已经成为国际法的一个重点。在这一领域，中国显然是滞后的。

　　"网络法"并不是，也不可能是一部像"刑法"、"民法"或"专利法"、"商标法"那样独立的单行法或基本法。也没有任何国家制定或准备制定这样的单行法，因为那样做必将打乱我国民法、刑法、诉讼法等既有的体系，或与已有法律重复乃至冲突。"网络法"无论在学术上还是在立法实践中，都是"解决因互联网络而带来的新问题"的有关法律的一个总称。国际上目前制定（或完善）中的"网络法"，一般包含以下 6 个方面：

1. 在知识产权法中，新增受保护客体及专有权内容，并增加有关单行法，或实行知识产权法"法典化"，以便一揽子解决网络给知识产权保护带来的新问题。知识产权法律领域"国际一体化"进程比其他任何法律领域都快。联合国世界知识产权组织对于新出现的"域名"知识产权及其与商标权的冲突，正在准备新的国际条约加以解决。该组织于1996年主持缔结了解决网络上版权保护的两个新条约。几乎所有发达国家及新加坡、巴西、韩国等国已依照两个条约着手修改本国知识产权法；法国、菲律宾等国则通过"法典化"，使本国法与两个条约一致，以便参加两个条约。

从中国的实际出发，我们同样有必要增加这两个条约中要求增加的新内容。

例如，1998年四川一私人公司宣布任何人只要向它付钱，它就可以将国家"863"计划的所有技术发明项目的数据库"解密"。而法院在处理这一案子时，在现有知识产权法中找不到禁止其解密的依据。两个新国际条约恰恰把"禁止解密"增加为版权人的一项新的专有权。未经许可的解密，依该条约将构成侵权。

从国际交往来看，下一世纪初中美知识产权谈判的焦点，可能会是美方要求中国参加这两个条约。对此我们应当有充分准备。如果届时多数国家参加了这两个条约，我国坚持不参加，可能孤立的是我们自己。

2. 修订原有商法典或制定单行法，以规范电子商务活动。"直接电子商务"（即通过网络直接买卖大多数文化产品）与"间接电子商务"（即通过网络做广告、签合同，而交货收货仍以传统的海、陆、空运方式进行）已经在许多国家（包括中国）迅速发展。北京京郊的菜农，自1998年已开展起网络上的商务活动。而各国过去的商法，已远不能对这种活动加以规范。美国自1996年至今，一直在修订其《统一商法典》，其中规范电子商务（包括电子合同的效力、电子签字的效力、电子付款的方式及保险，等等）的条文与说明，已超过千页。德国、新加坡等国，则制定了"电子商务法"等单行法。联合国贸易法委员会等政府间国际组织、国际商会等民间国际组织，都已颁布了"电子商务示范法"、"电子商务标准指南"等，供其成员国或成员组织选用。就连越南这样的国家，都发现在电子商务立法上如果滞后，必将在国际经济活动中被动挨打。

中国在1999年初的《合同法》总则中，原则上承认了电子合同的有效性。这是电子商务立法的第一步，但如果不接着走出第二步、第三步，这第一步很快会丧失实际意义。

此外，应注意到，在政府间国际组织中，知识产权与电子商务，均是由联合国世界知识产权组织与世界贸易组织共同管理的，这二者在国际贸易活动中是紧密联系在一起的。

3. 对网上信息的法律控制。这主要是指禁止在网上传播淫秽内容、有害青少年的内容、颠覆政府的内容及其他本国在"出版法"之类法中禁止的内容，以及禁止有损他人知识产权、隐私权等民事权利的内容。中国在 1999 年 6 月通过"防止未成年人犯罪法"等法规时，已注意增加这种禁止性规定。似有必要考虑在"刑法"中也增加相应内容。在这方面国际组织 OECD 等已有专门文件。英美法系国家则主要是依判例去禁止的（但英国对网络上个人隐私权的保护有成文法）。

4. 网上消费者权益保护。原有的各国消费者权益保护法的多数（不是一切）条文，很难直接适用到网络上，而"网上消费"正日渐成为商业"服务"中的一项重要内容。

5. 确定"在线服务商"的侵权责任。这是国外讨论最热烈、立法进程最快的一个方面。在中国则完全处于空白状态。"在线服务商"也称"网络服务提供者"。不在法律中明确其责任，在发生侵权（以及在网络上出现法律禁止的内容）时，是仅仅追究具体信息提供者的责任，还是同时追究网络服务提供者的责任，就会成为一个法律上的"模糊区"。美国、德国的新立法，在侵权问题上，规定如果服务商有过错，则追究其责任；法国等国的法律，则规定即使其无过错，也追究其责任。我国民法的侵权法研究，尚未涉及"在线服务"，立法就更未涉及了。而这方面的法律责任不清，是不利于中国的网络服务健康发展的。

6. 解决涉外民事诉讼中的新问题。也有人称这一问题为"国际私法的新问题"。由于网络传输的"无国界性"，大多数国家（包括中国）民法实体法中有关侵权认定、民事诉讼法中有关法律选择、法院管辖权等已有原则，在电子商务纠纷或网络侵权纠纷中，往往发生难以直接适用的问题，也需要考虑结合新的网络环境加以完善。

上述6个方面，第4、5两方面只涉及部分人，第6方面主要涉及程序法问题，似可从缓考虑。而前三方面的问题，如果不及时立法或改法加以规范，肯定会给国家利益、个人的民事权利及正在发展的社会主义市场经济造成损害，使有些花费大量人力财力的执法活动成果落空。例如，有形文化产品市场上的"扫黄打非"，可能因违法者向网上转移而部分失去了意义。网上的合同诈骗、金融诈骗若得不到有效制止，足以使已经开展起电子商务活动的企业不得不退回到传统商务中去。而积极开展电子商务的发达国家及一部分发展中国家（包括比中国更发展的如新加坡、也包括不及中国发展的如越南）的企业，在国际市场上就会比中国企业取得信息更快、争夺商业机会的条件更好，最终使中国企业总体处于劣势地位。

"知识经济"虽然不限于网络经济，但如仔细观察刚刚过去的几年的历史，就可以看到："知识经济"实际上是随着互联网络与数字技术的日渐广泛应用，才日渐出现的一种经济形态。如果不注意"网络法"这种与"知识经济"相适应的法律制度的研究与建立，或哪怕不把它当作重点，而仍把与农业经济、工业经济相适应的法律研究与制定作为重点，则今后的历史回顾可能会告诉我们这是个失误。

应尽快出台个人信息保护法（2003年）

郑成思

近年来，在欧盟、北美开拓市场的我国大型企业集团，经常被当地禁止收集客户信息。而国际市场竞争的必备条件之一就是产品与服务的销售渠道畅通。为此，竞争者千方百计地收集尽可能多、尽可能详细的客户信息。在许多知识产权立法与执法健全的国家，一个企业所掌握的客户信息，被视为该企业的"商业秘密"，甚至是击败其他竞争者的王牌。我国企业被上述国家禁止收集客户信息，必将使我国企业在市场竞争中处于不利地位。而这些国家禁止的理由，都是"中国没有个人信息保护法"。以这种理由将我国企业与其他国家企业（我们的竞争对手）区别对待的"差别待遇"，并不违反WTO的原则。

没有个人信息保护法而允许企业收集涉及个人（客户）的信息，至少产生三种不良后果：第一，有可能因缺少收集人"恰当保存"的义务而使信息扩散到社会上，流入犯罪分子手中，给信息被收集人造成威胁；第二，极有可能流入第三方手中，即使其并非犯罪分子，也会给侵害信息被收集人的权益提供了便利（例如，无休止地给信息被收集人发送推销产品的短信息、垃圾广告、电子邮件等）；第三，被收集人不知收集者所收集的信息是否准确，可能造成对被收集人名誉、声誉或信誉的损害（例如，一位从来不沾烟酒者，被错误地作为"瘾君子"列入烟、酒推销企业"收集"的客户名单）。

实际上，在前几年我国讨论"电子商务"立法时，因缺少"个人信息保护法"而产生的障碍就已十分明显。

目前，我国电子商务（尤其是 B2C 电子商务）难以开展的主要原因之一，在于我国尚未建立起个人信用制度。这是许多业内人士的共识。我国曾有媒体报道，一个农民用 64 张信用卡恶性透支几百万元而频频得手。媒体也把这种现象归结为"中国尚未建立健全个人信用记录体系"。要真正建立健全个人信用记录体系，其前提是必须有法律对进入记录的个人信息给予保护，使被记录人有安全感。这正是个人信息安全与市场乃至社会安全的重要交结点或界面。

此外，要使公民乐于接受、支持乃至协助行政执法部门对网上信息及其他有关信息进行监控（尤其是特殊情况下对个人，如从保护角度出发对未成年人浏览网上信息的情况进行监控），也须有个人信息保护的法律这一前提。否则，公民必然担心监控过程中可能出现的失控。

所以，无论从民商法的角度还是从行政法的角度，信用制度及有限监控制度都与个人信息保护有密切联系。

目前缺少"个人信息保护法"给我国带来的不良影响，还不仅仅体现在市场上。2003 年 4～5 月份我国的抗"非典"高峰时期，为有效控制疫情，国内火车站、长途汽车站等均设立了填表制度，要求乘客填写详细的姓名、家庭地址、联系电话（或其他联系方式）、身体状况等等。这种表格大都是一式两份，一份交车站，一份留给乘客。据许多报刊报道：许多填表人不情愿地填完之后，均把留给自己的那一份随手扔掉。这说明多数人并没有如实填写相关内容。因为人们知道自己真实的家庭住址、联系方式等是绝不能扔在公共场所的。这种基本上流于形式的填表后果，不能完全归咎于乘客"不配合"。在没有个人信息保护制度的情况下，填表人有理由担心自己的真实信息一旦流入犯罪分子或侵权人手中，将给自己带来危险。

此外，我国因没有个人信息保护法而出现的影响社会稳定的后果，已不容忽视。例如，许多"人才招聘中心"将大量前来应聘者填写的详细个人资料，全部当废纸卖掉，其中一些流入犯罪分子手中，引发了一些刑事犯罪案件。这类事已经屡见报端。

早在 20 世纪 70 年代前后，发达的市场经济国家的"个人信息保护法"就已经基本健全；欧洲甚至已缔结了与个人信息保护有关的国际公约。这也就是说，这一领域的立法在国际上早已不是空白。在结合我国实际的前提下，我们有成例可供参考、借鉴。总之，在我国个人信息保护这一立法已刻不容缓。

如果我们现在还不重视这一立法，不仅对我国企业在国际市场上的竞争，对我们开展电子商务，而且当我国再发生（如"非典"）重大疫情时对个人信息的收集，乃至对社会的稳定，都将产生不利的影响。

建议将"著作权法"的名称
恢复为"版权法"（1999 年）

郑成思

1979 年，在首次中美贸易谈判之后，在邓小平及胡耀邦、李强等同志的建议下，我国着手起草"版权法"。1986 年，起草基本结束，由第一任国家版权局局长边春光上报全国人大的草案，名称为《版权法》。1989 年讨论该草案时，少数同志以台湾地区"法律"及原"民国"法律均定名"著作权"为由，要求将"版权"改称"著作权"。当时，在全国人大法工委工作的杨明仑为反驳这种意见，曾在"版权参考资料"上，对台湾地区与中国内地有关用语作过如下比较：中国台湾地区用语为：著作权，著作，著作人，语言著作，美术著作，电影著作。中国内地用语为：版权，作品，作者，口述作品，美术作品，电影作品，等等。

杨的文章正确地指出：多年来两岸法律用语各自独立发展，已有较多差异。与台湾"著作权"相应的用语（如"美术著作"之类），不仅不合汉语语法，也与内地大众的习惯格格不入。而中国自宋代开始"禁止复版"之后，"复版"之权，亦即"版权"，与国际上后来的"copy-right"则是相通的，同时也符合汉语习惯。"版权"，即禁止非法"复制"之权，是文学艺术作品保护、艺术家表演活动保护的核心。使用"版权"，既强调了这种保护的核心内容，又昭示了这种保护起源于我国，是很恰当的。其他许多学者、版权管理机关、联合国有关组织，也都表示过与杨文相同的意见。

可惜 1990 年通过立法时，未能全部采纳这些意见，而将原草案"版权法"更名为"著作权法"。但"著作权法"实施 9 年以来，中国人的语言习惯并未因法律用语的这种偏差而随着变更。1992 年，邓小平在南方视察的讲话中，仍依汉语习惯询问当地企业"版权问题是否妥善解决了"。1996 年新版的《现代汉语词典》依旧把"著作"解释为"用文字表达意见"。相应地，当美术、电影等表达形式被称为"美术著作"、"电影著作"，在汉语上仍属"不通"。语言学家吕叔湘教授生前也一再指出：把文字著述之外的作品称为"著作"，把与之相应的版权（禁止复制之权）称为"著作权"，是对中国语言文字的不了解。此外，国内在这 9 年中成立的作者权益保护团体，仍称"版权协会"。国家及地方的有关行政主管机关，仍称"版权局"。多数学者的表述，仍使用"版权"而不用"著作权"。在经常开展的打击侵权复制品的活动中，人们也仅

仅使用"打击盗版"（无人用"打击盗著作"）。由联合国
各组织确认的国际条约正式中文文本，也依旧用"版权"
（如《世界版权公约》、《世界知识产权组织版权条约》
等），至今未使用过"著作权"。香港回归之后，特区政府
有关作者权益保护的法规，称"版权条例"等，也从不使
用"著作权"。

这样看来，事实上仅仅是内地法院在判决书中，才
"依法"不得不适用"著作权"。绝大多数人依旧按照汉语
的习惯，使用着"版权"一词。"民国"时期及后来台湾
地区的不少法律用语，均属生吞活剥地直接移用日本法律
用语，并无多少合理性或准确性好讲，当然更谈不上是否
符合汉语习惯。"著作权"的用法仅是其中之一。其他诸
如把完全的假货称为有"瑕疵"，把研究问题称为"检讨
问题"，等等，都是日文中的汉字原本如此，台湾照搬不
误。若把这类用语也都移植到中国现有的或今后的法律
中，那么我国立法、司法用语，就可能越来越偏离汉语习
惯，当然也会离人民群众实际使用着的语言文字越来越
远。我认为这是立法过程中应注意避免的。

有同志以为"版权"只是英美法系的用语，"著作权"
是大陆法系的用语，这其实是一种误解。大陆法系国家
中，无论法国的 droit de auteur、德国的 Urheberrecht、意大
利的 diritto d'autore 还是俄国的 Авторское право，都是
"作者权"的意思，都没有"著作权"的含义。"作者

权"，从权利主体角度来表达权利，是说得通的。"版权"，从权利的内容（复制或复版）角度来表达权利，无论对作品，还是对传播作品的表演、录音，也都说得通。"著作权"，则仅能涵盖可称为"著作"的文字作品这部分客体享有的保护，难以包容非"著作"的音乐、美术、戏剧、电影、软件等等作品享有的保护，更不可能包容表演活动等等，因而是说不通的。

我国在某些民事领域立法中，也曾经历过不适当地过多沿用台湾现成条文或用语而走弯路的教训，又大都在草案讨论中得到纠正，确应加以总结。台湾当局自从20世纪70年代初被逐出联合国并与多国结束"外交关系"后，该地区与联合国贸发会、知识产权组织等完全没有交往，与其他国家及地区在民事立法方面交往也极少，故其民事立法是一直滞后的。我们切不可无视这一事实而在立法中从形式（用语）到内容（法条）过多沿用台湾的已经滞后或本来即不足取的东西。

建议我国能够在目前首次修订"著作权法"时，恢复"版权法"的原有称谓。

国家的立法应首先符合语言规范与语言习惯

郑成思

2001 年 1 月 1 日,《国家通用语言文字法》开始实施。我国的立法用语本身,应首先符合通用语言文字的规范,以给全国人民作出表率。因此,我建议:将"著作权法"的名称仍旧恢复为"版权法"。

"著作权"是从受保护客体的角度表述有关权利的。而把受保护客体界定为"著作",按照日语的习惯是可以的。在日文中,"文学著作"、"美术著作"、"电影著作"是通用的。

而按汉语的习惯,把美术成果、电影等等称为"著作",总使人感到有语病。在中国,"著作"实际上只能涵盖受保护客体中的很少一部分。而"版权",则是从权利内容的角度表述有关权利,它适用于文字作品、美术作品等所有受保护客体,均无语病。著名语言学家吕叔湘教授生前一再指出过,把不属于文字著述的创作成果统统冠以"著作",把与之相应的"禁止复制"之权称为"著作权",根本讲不通,也是对中国语言文字的不了解。

近些年,由于我国一些地方盗版的情况较严重,有的外国人就胡说中国从历史上就鼓励文化领域的偷盗行为（见哈佛大学 W. Alford 所著《偷书不算偷》）。事实则是，我国自古就有尊重知识、尊重知识分子劳动成果的传统；版权保护制度本身，正是从中国产生的。版权保护产生于中国宋代。联合国教科文组织在其 80 年代初的《版权基本知识》一书中，就有论述。我自己在 80 年代中期到 90 年代初的几部中、英文专著中，都对有关历史作了考证并下了不容置疑的结论，并被 90 年代初至今的国外专家所肯定与引用（例如美国教授 P. Geller 所著《国际版权法律与实践》一书）。

自中国宋代开始，未经权利人许可则"禁止复版"。"复版"之权，亦即"版权"，与后来产生于英国、又在国际上适用的"Copy – Right"一词相通，而且完全符合汉语的习惯。"版权"这一用语既体现了这种保护制度的核心内容，又昭示了这种制度起源于中国。至于台湾地区效法日本，把"美术著作"、"电影著作"等等纳入其法律，力图改变中国人的语言习惯，是不足取的。

我国 1979 年开始起草的本来是"版权法"，1986 年首次提交立法机关的也是"版权法"。1990 年通过该法时，虽改为"著作权法"，但 10 年以来，中国人的用语习惯并未因法律用语的这种偏差而改变。1992 年，邓小平在南方视察的讲话中，仍依汉语习惯询问当地企业"版权问题是否妥善解决了"。我国公众使用的《现代汉语词典》1996

年改版时，与原版一样，仍坚持把"著作"解释为"用文字表达意见"。相应地，把美术、电影等表达形式称为"美术著作"、"电影著作"，在汉语上仍属"不通"。国内这 10 年中成立的作者权益保护团体，仍称"版权协会"。国家及地方的有关行政主管机关，仍称"版权局"。多数学者的表述，仍使用"版权"而不用"著作权"。在经常开展的打击侵权复制品的活动中，人们也仅仅使用"打击盗版"（无人用"打击盗著作"）。由联合国各组织确认的国际条约正式中文文本，也依旧用"版权"（如《世界版权公约》、《世界知识产权组织版权条约》等），至今未使用过"著作权"。我们即将加入的 WTO 中的《与贸易有关的知识产权协议》，无论是日内瓦出的中文本还是国内通用的中文本，也都使用"版权"而不用"著作权"。香港回归之后，特区政府有关作者权益保护的法规，称《版权条例》，也不使用"著作权"。

基于上述理由，建议立法机关在目前首次修订《著作权法》时，改回"版权法"的称谓。这种改动，由于不像原《著作权法》第 43 条的改动那样，不涉及不同利害关系单位的权利，不会引起实质性的冲突或争议，又有助于以立法本身作为示范，"推动国家通用语言文字的规范化、标准化及其健康发展"。

关于法律用语、法律名称的建议（2001 年）

郑成思

我国绝大多数法律，是"名实相符"的。但有很少一部分法律，名称与内容不大相符。这样的法律大致分以下三类。

第一种类型是刚刚颁布的《婚姻法》（修正案）。该法已颁布 50 余年，而且系由人民代表大会颁布，在修正它的常委会上要改名称较困难。但是，在这部法中有大量条文是规范兄妹、姐弟等等之间的抚养关系，或其他与"婚姻"完全不同的关系。以"婚姻"法冠其名，使人感到不妥当。这一类，属于今后在时机成熟时，仍须更改名称的。例如，可以在进一步研究并充实"家庭"方面条文的基础上，在召开代表大会作较大修订后，更名为"婚姻家庭法"。

第二类是名称欠妥，且已颁布一段时期，但不像《婚姻法》那么长，又并非代表大会颁布的法律。这一类的典型可推《著作权法》。在汉语习惯中，文字作品之外的创作成果，很难称为"著作"，而文字作品在"著作权法"中只占受保护内容的 1/9。该法名称为"著作权法"之不妥，是十分明显的。文字作品与其他一切作品的作者，必须有权控制对其作品的批量复制；而作品传播的前提也是复制。所以，"复制权"对作者是最根本的权利。而对作品的批量复制，来源于印刷出版，即来源于我国的印刷术。"复制"在这个涵义上来源于"复版"。所以，"著作权法"名称改为"版权法"，既使名与实相符，又向国内外（特别是向国人）提示了这种知识产权的中国来源，而且与大多数国家的法律名称（Copy Right Law）相一致。因为，"Copy"既是"复制"的意思，也是"复版"的意思。这类法律应当在对其作首次修正时，考虑把名称及时改过来，而不应强调"不影响实质就不改"，"可改可不改就不改"。因为有时形式失当，必然会影响实质。

第三类是尚在起草的法律。这类法律在颁布前即应反复推敲其名称，以免颁布后使人感到不妥，再来讨论其名称改还是不改。这一类的典型是"物权法"。从法哲学角度看，古罗马时，将法律分为"人法"、"物法"、"行为法"（或"债法"）。19世纪初《法国民法典》起草时，起草人意识到法律不可能调整人与物的关系；物的形式下掩盖的仍然是人与人的关系。故当时更改"物法"部分为"财产法"。因为"财产"反映的是人与人的关系。19世纪末，《德国民法典》起草时，在哲学上走了回头路。虽然德国民法从条理上、体系上比法国民法进了一大步，但在法律究竟是调整人与人还是人与物的关系问题上，则退回到古罗马时代了。这与 19 世纪初，历史唯物主义处于上升阶段，而 19 世纪末，历史唯物主义处于又一个低谷的事实，不是没有关系的。即使抛开法哲学不谈，"物权法"也存在显然的名实不符。例如：物权法中划分所有人掌握的物时，仍划为"动产"与"不动产"，却不按其逻辑划为"动物"与"不动物"。可见该法起草者在解决实际问题时仍自觉不自觉地回到"财产权"的理论上去。

上述第一类的用语不当或名实不符，是我国立法早期经验不足造成的。而后两类，则主要是不加分析地照搬日本法律用语造成的。"著作权"、"物权"均是日本法中使用的汉字原文。而如果我们直接从德国法中借用相关术语，也未必用"物权"。因为《德国民法典》中相应的"Dingliche Rechte"或英文中的"Real Right"，意译为"实在权"还是译为"物权"更合适，仍有研究的余地。

我们的法学家或法律起草者，走捷径而直接从日文中把相应汉字搬来（或台湾地区先搬去，我们又从台湾间接搬来），对加速我国立法有一定益处，但绝不应不加分析地大量搬来。因为自我国唐代大量向日本移植汉字之后的千年中，汉字在两国不同经济、文化环境下，有些已有了完全不同的发展方向，我们不加分析地大量搬来，肯定会严重破坏我国语言的纯洁性。除上述提及的法律名称外，还有许多从日本搬来的用语，已经使我国法律语言离大众语言太远了。例如："瑕疵"在我国语言中本来是"小缺陷"的意思。但现在的中国《合同法》等法律中，无论有关标的缺陷有多大，乃至大到整个标的都是假的或完全坏掉的，也称为"有瑕疵"。

这一类用语如果大量搬到我国法律中来，对我国语言文字的影响是可悲的。

进入世贸组织后中国知识产权法修订的选择
（2000 年）

郑成思

　　我国知识产权保护与世贸组织成立前后的《与贸易有关的知识产权协议》（即 TRIPS）之间的差距是显而易见的。在工业产权领域，部分专利权与全部商标权的"确权"，不应由行政主管部门作终局裁决；在版权领域，权利限制不应与作品的正常利用相冲突；在商业秘密领域，合格的受保护信息并无"实用性"要求，等等，都是 TRIPS 明文规定的，也均属于人们经常议论的"差距"。

　　但早在 1995 年，我对外经贸部参加入世贸谈判的人员曾申明：中国即使不修订其现有的知识产权法，也能够符合世贸组织的最低要求。这话并不错。原因在于我国的《民法通则》把知识产权包括在民法的大范围内，而《民法通则》、《民事诉讼法》等法律在民事法律的适用或涉外民事特别条款中，都规定："国际条约同中华人民共和国的民事法律有不同规定的，适用国际条约的规定，但中华人民共和国声明保留的条款除外。"尽管学术界对于我执法机关能否直接应用国际条约来判案尚有争议，我司法部门在实践中已经直接引用国际条约的条文作出过判决。

所以，我国加入世贸组织后，即使不修订现有的知识产权法，也未必会如世贸组织成员印度及印度尼西亚那样，被其他成员国指为"违约"而诉到知识产权协议理事会。只要我执法部门在处理涉外知识产权纠纷中，把TRIPS协议的最低要求直接作为国内法的一部分应用于执法。这可以是我国使其知识产权法与世贸组织的TRIPS自动接轨的一种选择。

不过，对我国来讲，不修订现有知识产权法而直接援引TRIPS，在有些场合会面对其他成员国不会面临的难题。这个难题既是由WTO协定中"国民待遇"与"最惠待遇"双重原则的特殊结合决定的，也是由TRIPS与世界知识产权组织所辖多边国际条约的特殊关系决定的。TRIPS协议明确了它与世界知识产权组织的四个含有知识产权保护实体法要求的主案条约的关系。这四个条约是：《保护工业产权巴黎公约》、《保护文学艺术作品伯尔尼公约》、《保护表演者、录音制品制作者与广播组织罗马公约》、《保护集成电路知识产权华盛顿条约》。TRIPS第2条及第9条等条款中，规定了它与这四个公约关系的总则，即世贸组织的成员"均不得有损于成员之间依照巴黎公约、伯尔尼公约、罗马公约及集成电路知识产权条约已经承担的现有义务"，这就是说，在涉及（包含工业产权、版权等在内的）

全部知识产权保护时，WTO 成员若已参加了四个公约，则必须继续承担其公约义务。在涉及版权保护时，无论 WTO 成员是否参加了伯尔尼公约，均须依照 TRIPS 的规定遵守伯尔尼公约实体条款。

TRIPS 在第 1 条第 2 款，又专门对该协议有关"国民"的特指含义，作了一个注解。这就是该协议的注 1 所解释的，所谓"国民"，包括独立关税区的"居民"。这条注解，对我国有特别重要的意义。因为即将进入世贸的台湾地区，不是上述四个国际公约中任何一个公约的"成员"。而香港、澳门地区，尚可以由其原先的殖民地宗主国参加公约后沿用至该地。所以，海峡两岸均成为世贸组织成员后，将都要适用世贸组织的知识产权协议。在两岸贸易中，给彼岸的居民以相当此岸居民相同待遇，又不用"国民"一语，有利于两岸离开政治敏感问题而发展贸易交往和互相保护知识产权。

TRIPS 协议的第 4 条，是"最惠待遇"条款。具体到在知识产权保护上的最惠待遇，我国与外国或世界贸易组织的成员地区之间，不会发生大的障碍。

可能产生问题的是原在公约保护范围之内、但又在我国知识产权法保护之外的一些特例，有可能必须适用于对大陆外地区居民的或外国人权利的保护。例如，对中国大陆作品来讲，按《著作权法》第 52 条，实用艺术作品一大部分不享有版权。而按照 1992 年 9 月的《实施国际著作权条约的规定》，享有公约保护的外国作者、中外合资或外资企业的作者，其实用艺术作品在台湾地区"入世贸"之后，完全可能依照知识产权协议中最惠待遇，要求如其他成员的作者一样，享有对其实用艺术作品的保护。

这种原先存在的国内外在版权保护上差别待遇的例子还不少。如计算机软件的登记程序问题等等。当两岸"入世贸"之前，大陆把台湾作者视为本国国民而不保护其实用艺术作品，要求其软件先登记、后诉讼等等，而在两岸分别入世贸之后，把台湾作者作为另一缔约方的居民而如此对待。这样一来，我们就可能将面对至少三部分享有高于国民待遇的本国国民，即：世贸成员香港居民、世贸成员澳门居民、世贸成员台湾居民。解决这一困难局面的唯一可行途径，似乎应当是修改中国的著作权法，使之与《伯尔尼公约》全面地处在同一水平，以改变现行版权保护的内外差别待遇。

至于知识产权协议中所规定的对最惠待遇的修正与限制，亦即在四种情况下，可不实行最惠待遇原则的规定，均包含在 TRIPS 协议第 4 条（a）项到（d）项中。

其中第一种情况，即已经签订的司法协助双边或多边国际协议，而且并非专对知识产权保护签订的这类协议，如果产生出什么优惠，可以不适用到其他成员国家或地区。

第二及第三种情况，是按《伯尔尼公约》与《保护邻接权罗马公约》中的选择性条款而在某些国家之间所特有的保护（即带一定互惠性质的保护）。同时，知识产权协议中未列入的一部分表演者、录制者及广播组织权，即使承认这些权利的成员之间互相予以保护，也可以不延用到未加保护的其他成员。

第四种情况，即 TRIPS 协议 1995 年生效之前，该成员已经与另一成员特别签订的协定中产生出的优惠或特权，可以不对其他成员适用。

TRIPS 协议中规定的最惠待遇（以及国民待遇）还有一个例外。这就是协议第 5 条中指出的：凡参加了世界知识产权组织主持的、含有获得及维护知识产权的程序的公约的成员，没有义务向未参加这类公约的成员提供这些公约产生的、在程序上的优惠待遇。

换句话说，TRIPS 协议只要成员们去履行四个已有公约（巴黎、伯尔尼、罗马及集成电路）中实体条文规定的义务，不论该成员是否参加了这四个公约；而对于这四个公约之外的已有公约，尤其程序性已有公约，则未参加公约的成员，不能凭借世贸组织的 TRIPS 协议，要求参加公约的成员对其尽义务。

由于"关贸总协定"发展到世贸组织之后，"特别关税区"只剩下了港、澳、台这三个地区。它们又分别都是中国的一部分。如果中国现有知识产权法某些地方与 TRIPS 有差距，那么达不到 TRIPS 最低要求的那部分，在适用于对中国大陆居民的知识产权给以保护时，尚可仅仅按照国内现有法条行事。而在适用于对外国国民知识产权的保护时，就必须直接援引 TRIPS，以弥补这些差距了。对港、澳、台居民知识产权的保护，依照 TRIPS 的规定，只要中国对任何外国国民的知识产权保护上曾直接适用过 TRIPS（或适用过从 TRIPS "转致"的《伯尔尼公约》、《巴黎公约》等等），就必须对港、澳、台居民也直接适用 TRIPS（或《伯尔尼公约》、《巴黎公约》等），否则，该有关特别关税区，就有权向 TRIPS 理事会投诉中国违反了 TRIPS 的最惠待遇原则。

这样看来，进入世贸组织后，不仅我国知识产权法与 TRIPS 的差距难以保留下去，就连过去遗留下来的与《伯尔尼公约》等四个有关公约在实体法上的差距，也难继续保留。

除此之外，中国现有民法、民事诉讼法领域，所有法律中的涉外条款，只说国内法与国际公约"不同"时，以公约为准，却没有讲如果国内法根本没有规定，而国际公约有规定时，应如何处理。TRIPS 明文要求保护的集成电路布图设计、地理标记等，均在我国现有知识产权法中是空白。如果我国的立法或司法解释不将"国内法没有、国际公约有"的情况也解释为等同于"不同规定"，那么靠直接适用 TRIPS 就会发生困难了。但若真的作出这种解释，至少会遇到逻辑上的障碍。因为现有国内法条文均讲法律"有"不同规定时适用国际条约，排除了国内法"没有"规定的情况。所以，较好的选择是修订现有知识产权法、指定属于空白的领域。

"入世"后仍须对知识产权立法
问题进行研究（2002 年）

郑成思

我国"入世"前后，立法、司法、行政机关为修改、废止与世贸组织的要求相冲突的法律、法规、规章乃至司法解释等作了大量工作，中国有关知识产权的三部主要法律和其他许多法律都在"入世"前夕作了较大修改。但是，我们的法学研究不能停留在了解和解释修改、废止与世贸组织的要求相冲突的法律、法规、规章及司法解释上，还有很多重要的工作要做。

一、有关知识产权立法中需进一步着手研究的问题

1. "地理标志"的保护问题。这是欧盟与美国在下一次世贸多边谈判中肯定要争论的议题；"传统知识"的保护是否应纳入知识产权范围，也很可能是印度及一大批发展中国家与部分发达国家争论的议题，等等。中国在这些问题的争论中应当支持谁，需及早研究。

2. "最惠国待遇原则"的应用问题。"最惠国待遇"意味着中国享有、而台湾地区不能享有联合国公约中的许多权利，但台湾照样能够享受到这些权利，同时却可以不对大陆尽相应的义务。这是我们需要做深入研究并提出对策的问题。

3. 应关注世贸组织的知识产权协议中的某些条款。例如，《与贸易有关的知识产权协议》第62条第5款。在世贸组织或其他国家，知识产权并不都是投入智力劳动后就自动能依法产生权利。除美国等极少数国家外（美国的专利法实行"发明在先"原则），至少专利权和商标权在大多数国家必须经过行政批准后才产生相应的权利。在该协议里，地理标志也要经过行政批准。这种依行政批准或注册而产生的权利就比较特殊，在诉讼中往往会产生比较特殊的问题。知识产权侵权诉讼的原告一般被看作权利人，被告一般是侵权人或者被指控侵权的人。对于专利、商标或地理标志这些依行政批准或注册而产生效力的知识产权来说（版权是自动产生的权利，产生类似问题的情况比较少），被控侵权的被告在多数情况下并不作自己没有侵权的辩解，而是会主张权利人的权利无效，从而达到认定自己不存在侵权行为的目的。这时的侵权之诉就转变成为确权之诉，并与确权之诉交织在一起。

虽然专利权和商标权的效力是由行政审批机关确定，但针对这一确权决定的诉讼与一般行政诉讼并不是一个领域的问题。这里涉及对该协议第 62 条第 5 款的理解问题，即知识产权确权诉讼不同于一般的行政诉讼，不能理解为一般的民告官。为了保持涉及知识产权侵权和确权两个问题的诉讼的一致性，特别是专利权和商标权涉及原先行政审查机关裁决的问题，应由同一个法庭来审理这两个问题，以尽量避免出现同一法院不同法庭相互矛盾的裁与判。以上属于第二层面的问题。

二、从宏观上对世贸组织有关协议的产生与发展趋势作深入研究

我们目前更须重视的是第三层面的问题，即"入世"后我国的立法怎样才能在总体上不落后。人们往往较多地关注如何转变政府职能、如何修改与世贸组织的要求有差距的国内法、如何使行政裁决均能受到司法审查等问题。这是中国"入世"后能够使市场在世贸组织要求的法律框架中参加国际市场运行所必需的。但作为司法、立法机关，以及为立法机关的法律起草而从事立法研究者来说，就不能停止在仅仅关注上述第一和第二层面的问题上。

仅就以有形商品贸易为支柱的原"关贸总协定"演化成"世界贸易组织"的现实而言，最明显的变化就是增加了"服务贸易"与"知识产权保护"两个支柱。这种变化的实质是什么？如何在立法方面适应这种变化？"知识经

济"、"信息网络化"等与国际贸易活动及规范的发展趋势
有什么内在联系？这些问题迫切需要我们通过研究做出回
答。我们目前对一些问题的现象已有了足够的重视并采取
了相应的措施，但对其实质尚缺乏必要思考。

经过分析我们看到：

其一，"世贸组织"时代与"关贸总协定"时代相比，
无体财产的重要性有很大提高，从而规范无体服务、无形
知识产权的国际规则显得十分重要。

其二，"知识产权保护"目前在世界贸易组织的"商
品贸易"、"服务贸易"、"知识产权保护"三个支柱中起
着最重要作用。这可从两个方面来认识：

一方面，就世贸组织本身而言，在商品贸易与服务贸
易两项内容中，充满了知识产权保护问题。

另一方面，从世界正在向知识经济发展的方向看，知
识产权保护的作用居首位。20世纪八九十年代以来，与知
识经济的发展相适应，发达国家及一批发展中国家（如新
加坡、菲律宾、印度等），在民事立法领域逐步转变为以
知识产权法、电子商务法为重点。在知识经济中，专利发
明、商业秘密、不断更新的计算机程序等无形资产在起关
键作用。随着生产方式的变动，上层建筑中的立法重点必
然变更。一批尚未走完工业经济进程的发展中国家已经意
识到，在当代仍旧把注意力盯在有形资产的积累上，其经
济实力将永远赶不上发达国家；必须以无形资产的积累

（其中主要指"自主知识产权"的开发）促进有形资产的积累，才有可能赶上发达国家。美国从 1996 年开始，版权产业中的核心产业（软件业、影视业等）的产品出口额，已经超过了农业、机器制造业（飞机制造业、汽车制造业等）的产品出口额。美国知识产权协会把这当作美国已进入"知识经济"发展时期的重要标志。我国从 2000 年起，信息产业已开始成为第一支柱产业。

但是，我国的立法、司法以及相应的法学研究至今依然几乎把全力放在有形财产与有形市场的规范上，这与生产力领域的"信息化促工业化"不相适应，将难以跟上世贸组织出现后所展示的总的发展趋势。

美国的电子商务法
——国际电子商务立法动向之一（2000 年）

郑成思　薛　虹

　　从全球范围看，美国的电子商务开展得最早，发展也
最快，90 年代中期就开始了有关电子商务的立法准备工
作。其许多内容已经被欧陆法系国家所借鉴。

　　美国系联邦制国家，联邦和州两级均有立法权。虽然
美国国会有权规范跨州的商贸活动，但是传统上交易法的
规则（尤其是合同法）一直属于各州立法的范围。为了避
免各州立法之间的冲突和矛盾过大，影响正常的商业活
动，美国法研究所等联邦的政策咨询机构制订了一套交易
法规则，作为协调各州合同法的"模范法"，推荐各州逐
渐将这一套法律规则制订在本州的法律中。在这些"模范
法"中，最成功的一部就是《统一商法典》（UCC）。

　　由于电子商务的发展呈现出与传统的商贸活动不同的
特点，因此《统一商法典》在电子商务领域已显过时。为
此，美国法研究所等机构于几年前着手修订《统一商法
典》，在其中增加有关调整电子商务的法律规则的内容，

这就是所谓《统一商法典》第 2 条 B 项的由来。在草拟的《统一商法典》第 2 条 B 项的基础上，形成了 1999 年 7 月公布的《统一计算机信息交易法》（UCITA）。《统一计算机信息交易法》也属于"模范法"，并没有直接法律效力，其能否转化为生效法律，取决于各州是否通过立法途径对其予以采纳。截至今年 6 月，已经有弗吉尼亚州和马里兰州立法采纳了《统一计算机信息交易法》，另有华盛顿特区、俄克拉荷马州等六个州立法机构准备采纳该法。

该法的主要内容有：

1. 立法特点和适用范围

电子商务的核心内容仍然是"商务"，即以合同形式表现的交易活动。因此，《统一计算机信息交易法》调整的主要是包括合同成立、解释、担保、转让、履行、违约和违约责任在内的合同关系。与以往合同法律规则不同的是，该法突出了电子商务的特点，即利用网络媒体和数字技术进行的交易活动（尤其是无形财产的交易活动）的特点。

知识产权贸易非常适宜电子商务的环境，其全部交易过程都能够在计算机网络上直接完成，不涉及"网下"的物流配送问题，因此知识产权贸易必将在电子商务占据主要的位置，其重要性甚至将超过有形财产的贸易。

《统一计算机信息交易法》主要调整的是无形财产贸易，更确切地说是包括版权、专利权、集成电路权、商标权、商业秘密权、公开形象权等在内的知识产权贸易。

所谓"计算机信息"是指能够直接被计算机处理或者从计算机获取的电子信息。所谓"计算机信息交易"是指有关创作或开发计算机信息，以及提供访问、获取、转让、使用、许可、修订或发行计算机信息的合同，不包括印刷出版的信息。因此，该法主要适用于创作或发行计算机软件、多媒体及交互性产品、计算机数据以及在线信息发行等交易，不适用于有关印刷出版的书籍、报纸、杂志等的交易。

2. 电子代理人

在计算机信息交易合同的成立和效力方面，《统一计算机信息交易法》引入了"电子代理人"这一非常重要的概念，正式承认了借助网络自动订立合同的有效性。

电子代理人是指在没有人检查的情况下，独立采取某种措施或对某个电子信息或者履行作出反应的某个计算机程序、电子的或其他的自动手段。电子代理人的出现使合同的缔结过程可以在无人控制的情况下自动完成。

该法规定，合同可以通过双方电子代理人的交互作用而形成，也可以通过电子代理人和自然人之间的交互作用而形成。在自然人与电子代理人的缔结过程中，自然人应当以作出声明或者行为的方式表示其同意缔结的意思。例如，当用户申请注册免费电子邮件地址时，网页会出示一份很长的格式合同，详细规定了用户使用电子邮件的条件和要求，最后则是一个表示"同意"的图标，如果用户点击了这一图标，就表示同意注册电子邮件的全部合同条件，并将这一同意的意思表示发送给对方的电子代理人，用户与电子邮箱提供者之间的合同就成立了。

3. 格式许可合同

根据《统一计算机信息交易法》的规定，格式许可合同是指用于大规模市场交易的标准许可合同，包括消费者合同及其他适用于最终用户的许可合同。计算机信息的提供者拟定的这类合同面向广大公众，基于基本相同的条款提供基本相同的信息。这类合同的最大特点是具有非协商性，一方提供了格式条款之后，对方要么全部接受，要么全部拒绝，没有讨价还价的余地。由于网络上的计算机信息交易大量采用自动的格式许可合同的形式，因此为了保护格式合同相对人（即用户和消费者）的利益，该法规定，格式许可合同的对方当事人只有在对合同条款表示同意的情况下，才受合同约束。如果有些格式条款不易为人所察觉（例如字体过小，含义模糊），或者相互冲突，则不对格式合同的相对人具有约束力。在这种情况下，如果格式合同的相对人已经付了款，支付有关费用或者遭受了损失，格式合同的提供方应当予以合理补偿。

4. 计算机信息提供者的担保义务

由于网络上的交易活动从缔约到履行基本上是自动完成的，有些不法之徒便借机从事违法或欺诈活动。《统一

125

计算机信息交易法》规定，计算机信息的提供者对其提供的计算机信息负有担保的义务，即担保其提供的计算机信息不侵害任何第三方的权利，在许可期间被许可人的利益不会因为任何第三方对计算机信息主张权利而受到损害。具体而言，计算机信息提供者应当担保其许可的专利权或其他知识产权在其所属国的领域内是合法、有效的。如果计算机信息提供者不想承担担保义务，它必须向接受者作出清楚的说明。例如，在计算机信息的网上自动交易中，标明"在您享用信息之时，如受到干扰，提供者不承担担保责任"。当然，一旦计算机信息提供者不承担担保义务，其信息的市场价值就降低了。

《统一计算机信息交易法》为美国网上计算机信息交易提供了基本的法律规范。美国国内曾经在是否需要对电子商务立法这一点上进行过激烈的争论。有人认为，对电子商务立法就是对其发展的束缚，但是多数人认为，立法的根本目的不是约束电子商务，而是保障电子商务的发展，让所有的交易者能够预见其交易行为的法律后果，使合法的交易行为得到法律的保护。因此，尽管《统一计算机信息交易法》有不足之处，例如美国学术界和实务界很多人指责该法对消费者权益保护不利，过于偏袒商业组织的利益，但是该法仍然将美国电子商务立法推进了一大步，预计《统一计算机信息交易法》最终会成为调整美国电子商务的基本法。

欧洲联盟有关电子商务的立法状况
——国际电子商务立法动向之二（2000 年）

郑成思　薛　虹

从全球电子商务立法的角度看，欧盟的电子商务立法无论在立法思想、立法内容还是立法技术上都是很先进的。其立法进程虽然比美国稍慢，但是立法实施的速度与美国相当，甚至稍快于美国。

欧洲议会于 1999 年 12 月通过了《电子签名指令》，于 2000 年 5 月通过了《电子商务指令》。这两部法律文件构成了欧盟国家电子商务立法的核心和基础。其中《电子商务指令》全面规范了关于开放电子商务市场、电子交易、电子商务服务提供者的责任等关键问题。欧盟成员国将在自 2000 年 5 月起的 18 个月内，将《电子商务指令》制订成为本国法律。欧盟的"指令"与一般的国家法不完全相同，它们具有地区性国际条约的性质。

从上述两个法律文件看，欧盟电子商务立法的主要内容有：

1. 立法目的

欧盟意图建立一个清晰的和概况性的法律框架，以协调欧盟统一市场内部的有关电子商务的法律问题。考虑到电子商务固有的全球性质，欧盟还愿意与其他国家和地区（尤其是申请加入欧盟的国家、发展中国家以及欧盟的其他贸易伙伴）加强合作，共同探索全球性电子商务的法律规则。

2. 信息社会服务

信息社会服务一般是指在接受服务的用户要求下，通过处理和存储数据的电子装置远程提供的服务。信息社会服务涵盖的范围很广，包括通过计算机网络进行货物买卖、在计算机网络上提供信息或者商业性宣传等行为。有些服务在本质上不能以远程电子方式提供，例如法定的公司帐目审计，或者需要对病人进行现场检查的医疗服务，因此不属于信息社会服务。欧盟法律协调的范围只包括在线信息、在线广告、在线购物、在线签约等通过计算机网络进行的经贸活动，不涉及安全、标识、产品责任、货物运输和配送等网下的活动。

3. 适用的法律

电子商务跨国界流通的性质使法律的适用成为一个难点。欧盟的法律规定，为了保证法律适用的确定性，信息社会服务应当受服务提供者机构所在国法律的管辖。

服务提供者机构所在国是指在一段时间内实际从事经

济活动的固定的机构所在国，例如公司总部所在国或者主要营业机构所在国。一个公司通过互联网站提供服务的所在地不是指支持网站运行的技术所在地或者网站可以被访问的地点，而是指网站从事经济活动的地点。例如，一个公司不论将其网站服务器设在哪个国家，也不论其网站能够在多少个国家被访问，只要其主要营业地设在欧盟某个成员国国内，就要受该国法律的管辖。

如果某个从事信息社会服务的公司为了规避欧盟某个成员国的法律，故意选择将营业机构设在另一成员国内，那么前一成员国有权对设立在他国但其全部或大部分活动是在本国实施的服务提供者适用本国法律，以制裁该服务提供者规避本国法律的行为。

4. 商业性宣传

亦即网络广告。为了保护消费者利益，保障公平竞争，商业性宣传（包括价格打折、促销优惠、促销竞争或游戏）必须符合透明度要求，让服务接受者有充分的选择自由。通过电子邮件擅自发送商业性宣传，可能干扰交互性网络的正常运行，造成网络阻塞或者通讯速度缓慢，信息接受者还要支付网络费和通讯费。因此，欧盟要求在任何情况下，擅自发送的商业性宣传材料都必须被明确标明，并且不应导致接受者通讯费用的增加。

5. 电子形式的合同

欧盟要求成员国应当保证其法律系统允许合同以电子

形式缔结，保证其法律规则不给采用电子形式的合同制造障碍，也不仅仅因为这些合同采取了电子形式就剥夺其有效性和约束力。欧盟还要求成员国承认电子签名具有同亲笔签名同样的效力。

6. 服务提供者的责任

欧盟要求成员国不能给服务提供者施加一种一般性的监控义务，因为服务提供者没有能力保证通过其计算机系统的无数信息的合法性。欧盟法律还规定，服务提供者在作为纯粹的信息传输管道时或者进行信息缓存时，享受责任豁免的地位，即不因其传输或者存储的信息中含有违法内容而承担法律责任。这是因为在上述情况下，服务提供者对信息的传输和存储是技术性的、自动的和暂时的，服务提供者并不知道被传输或存储信息的内容，也不对被传输或存储的信息内容作任何修改。但是，服务提供者故意与其服务接受者合谋从事违法活动，则不属于责任限制之列。

日本推动电子商务发展的政策性文件
——国际电子商务立法动向之三 （2000 年）

郑成思　薛　虹

为实现"数字化日本"的目标，日本政府于 2000 年 6 月推出了《数字化日本之发端——行动纲领》（以下简称"行动纲领"）。

"行动纲领"将与信息产业革命有关的政策问题分成三类，并分别从日本国家战略的高度提出了方向性的意见。第一类是与网络基础设施有关的政策，建议更彻底地适用市场竞争的原则，促进接入网络的多元化，促进上网资费的下调，推动带宽服务的发展。

第二类是与技术平台有关的政策，建议日本加大在移动通讯、图像网络等在世界上处于领先地位和具有巨大潜力的技术领域的投资，在与美国既合作又竞争的双重原则之下占领技术标准或者事实上的技术标准。

第三类是与电子商务有关的政策，核心内容是建立高度可信赖的网络商业平台，其中对电子商务的发展趋势、构筑电子认证系统、明确网络服务提供者的责任、推进跨国界电子商务以及网络域名等问题进行了详尽的分析和论述，并对比美国和欧盟的做法，提出了适合日本国情的建议。这一类政策对我国电子商务立法特别具有参考价值。下面对此作较具体的介绍和分析。

1. 电子签名及其认证系统

1999年11月，日本邮政省、通产省及法务省联合草拟和公布了题为"与电子签名和认证有关的法律条款——促进电子商务并为基于网络的社会和经济活动奠定基础"的政策性文件。该文件提出，日本现行法律对电子签名及认证系统的法律地位及效力没有作出明确规定，因此需要制定新的法律规则使电子签名与传统的签名一样能够保证交易的安全，进而使公众对电子商务及其他基于网络的社会和经济活动建立信心。该文件还指出，日本有关电子签名的立法应当考虑到互联网的国际性质，注意与美国及欧盟的相应立法相协调，以使日本公司提供的电子签名认证服务能够打入外国市场，外国公司提供的服务也能在日本得到承认。

"行动纲领"建议有关立法的要点包括：明确电子签名的法律地位，保障电子签名所使用技术的中立性和认证组织活动的自由，保障用户选择认证服务的自由，保护个人隐私及公司及其他组织数据的安全，保持与国际通行做法相一致。日本的《电子签名与认证服务法》将于2001年4月起生效，该法对电子签名的定义、适用范围和效力的规定与欧盟、美国的规定基本一致，但对电子签名认证组织的管理采取了非常严格的立场，规定只有经官方委任的组织才能从事这类服务。

2. 网络服务提供者的法律责任

网络服务提供者的责任风险主要包括侵犯知识产权的责任，传播诽谤他人信息的责任，传播非法和有害信息（例如色情信息）的责任，提供咨询服务产生的责任，以及提供中介服务产生的责任。"行动纲领"在分析了美国和欧洲国家在处理网络服务提供者责任的做法之后指出，不应使网络服务提供者承担过重的责任，否则将阻碍日本网络业的投资，对日本股市也会产生消极影响。

为了减少网络服务提供者的责任风险，"行动纲领"提出了以下建议：（1）鼓励网络服务提供者采取自愿的规则和措施以减少纠纷，避免责任。例如，网络服务提供者事先向用户说明其服务的性质和责任的范围，以合同形式限制网络服务提供者可能承担的责任。（2）制订有关网络服务提供者责任的法律规则，必须充分参考和研究日本国外的有关法律、法规，将网络产业作为一个全球性的整体来考虑。（3）鼓励网络服务提供者采用技术措施（例如信息过滤），防止知识产权侵权责任（尤其是版权侵权责任）的发生。

3. 跨国界电子商务的法律问题

"行动纲领"提出，为了发展跨国界电子商务，除了要解决语言（很多非英语国家和地区需要借助自动语言翻译系统才能进行网上商贸活动）、汇率、税收等问题外，关键是使电子合同具有法律认可的效力，使合同纠纷得到合理的解决。"行动纲领"建议，为了克服在语言、司法管辖、适用法律等方面的障碍，草拟出适宜跨国界电子商务的格式合同文本，并且尽快建立司法审判之外的其他更迅速、廉价的纠纷处理程序。

澳大利亚的电子商务立法
——国际电子商务立法动向之四（2000 年）

郑成思　薛　虹

自 1998 年起，澳大利亚在立法改革中，比较注意使英联邦过长的传统立法形式趋向简化。该国的电子商务立法正是在这种大环境下起草的，因此比较简明，适合一向立法行文偏简的我国借鉴。

1999 年 12 月澳大利亚议会颁布了《电子交易法》。该法不仅是澳大利亚全国性的调整电子商务的基本法律文件，而且为各州及其他属地的电子商务立法提供了基础和框架。其立法目的为了消除阻碍电子商务发展的法律障碍，保障交易的安全和可预见性。但是，在与其他国家电子商务立法的共同之处外，《电子交易法》也具有自身的特点。

1. 媒体中立性和技术中立性

《电子交易法》以所谓媒体中立性和技术中立性作为基本原则。媒介中立性的原则，是指法律对于不论是采用纸质媒介进行的交易还是采用电子通信形式进行的交易，都采取一视同仁的态度，不因交易采用的媒介不同而厚此薄彼。根据这一原则，《电子交易法》虽然支持和鼓励经营者采取电子通讯的形式进行交易，但是并不强制推行这种交易媒介。

技术中立性的原则，是指法律应当对交易使用的技术手段一视同仁，不应把对某一特定技术的理解作为法律规定的基础，而歧视其他形式的技术。不论电子商务的经营者采用何种电子通讯的技术手段，其交易的法律效力都不受影响。技术中立性原则在各国电子商务立法中都有所体现，但是《电子交易法》将这一原则贯彻得更为彻底，使之有关电子签名的规定显得与众不同。由于有关电子签名的法律规定与技术手段有密切的联系，《电子交易法》为了保持技术上的中立性，在对电子签名作出规定时只能采取"最简化"的方法，不对电子签名及安全认证技术作任何具体的规定，只在法律上承认电子签名的效力。由市场，而不是由法律，来决定某种技术手段的安全水平和可信程度。《电子交易法》对电子签名采取的这种"最简化"的做法能否保障交易安全，还有待实践的检验。

2. 电子通讯

《电子交易法》是以"电子通讯"为核心，对电子商务的法律效力作出规定的。该法规定，某个交易不应因其采用了电子通讯的形式而无效。具体而言，澳大利亚法律所规定的以书面形式提供信息、签署文件、制作文件或者记录和保存文件都可以通过电子通讯的方式进行，但是需要满足法律规定的最低标准。需要说明的是，《电子交易法》并不免除任何法定义务，只不过让使用电子通讯的人可以此方式履行法定义务。例如，某类交易必须采取书面形式是一项强制性法律要求，《电子交易法》并没有免除这项要求，只不过规定电子通讯也符合书面形式的法定要求。

认定发送和接收电子通讯的时间对于判断交易成立和生效的时间具有重要意义。

该法规定，在双方没有相反约定的情况下，某个电子信息进入了某个发送人无法控制的信息系统就视为该信息已被发送。如果信息先后进入了多个信息系统，则信息发送时间以最先进入的系统为准。因此，如果某人通过电子邮件发送的信息最先进入其网络服务提供者的服务器，再发送到接收人的计算机系统，那么该信息被发送的时间就是最先进入的网络服务提供者的服务器的时间。在判断信息接收时间方面，如果电子信息的接收人指定了一个信息接收系统，则电子信息进入该系统的时间即为信息接收时间；如果接收人没有指定信息接收系统，则信息引起接收人注意的时间就是信息接收时间。但是信息何时引起接收人的注意应当有客观的标准，一般并不要求接收人实际阅读该信息，只要接收人知道或者应当知道该信息到来即可。例如，接收人明知其电子邮件信箱中有他人发来的邮件，但拒不阅读该邮件，该邮件仍然被视为已被接收。

电子信息的发送和接收地点的认定对于判断司法管辖地、纳税义务地等具有重大意义。为了保证电子交易的成立和生效地点具有稳定性，不受多变而且多重的信息传输系统所在地的影响，《电子交易法》规定，电子信息的发送或接收地均为发送人或接收人的经营地。如果发送人或者接收人拥有不只一个经营地，则以与特定交易联系最密切的经营地为准；如果无此最密切联系地，则以发送人或者接收人的主营业地为准。如果发送人或者接收人没有经营地，则以其居住地为准。

新加坡的电子商务立法
——国际电子商务立法动向之五（2000年）

郑成思　薛　虹

在发展中国家里，新加坡是发展电子商务较早、较快的国家。在联合国贸易法委员会于 1996 年颁布《电子商务示范法》之后，新加坡即开始了相关的立法研究与立法起草工作。

1998 年新加坡颁布了第一部有关电子商务的综合性法律文件，即《电子商务法》。由于这部法律颁布时间较欧盟的《电子商务指令》及美国的《统一计算机信息交易法》和《电子签名法》都早，而且在内容和体例上具有独到之处，因此在世界范围内产生了较大影响，为我们研究新兴工业国家的电子商务立法提供了很好的材料。

《电子商务法》主要涉及与电子商务有关的三个核心法律问题，即电子签名问题、电子合同的效力和网络服务提供者的责任。其中，有关电子签名的法律规定是该法最核心的内容。

1. 电子签名

是电子商务立法必须首先解决的问题，否则网上交易的安全和交易的信用都无从建立。电子签名需要借助一定的加密技术，并需要一定的认证体系与之配合。这些都需要以法律的形式明确和固定下来。《电子商务法》详细规定了电子签名的一般效力、特定类型的"安全"电子签名技术及其法律意义、使用电子签名者的义务、电子签名安全认证机构的义务等重要问题。其中有三个方面值得我们注意。

（1）立法模式

电子签名的原理在传统贸易中就曾采用过。例如，交易双方对于涉及房地产买卖等巨额或大宗的交易文件，为了确保盖章的真实性，用印一方需在盖章之前将印章提交公证机关登记，并申请印章证明，再将印章证明与盖过章的文件一起送交对方，收到的一方将印章证明与文件印章相对比，在认定两者一致的情况下，方确认文件的真实性。同理，以采用公共密匙技术（PKI）的电子签名为例，在使用电子签名之前，签名一方须将其公共密匙交由一个可信赖的第三方（即安全认证机构 CA）登记，并由该机构签发电子凭证。签名一方在用私人密匙在文件上签名之后和电子凭证一起交给接收文件的对方。接受方通过电子凭证用公共密匙验证电子签名的正确性。

有关电子签名的法律文件是否要把电子签名技术特定

化是两难的问题。一方面，如果确定了一种电子签名技术，安全认证等所有制度都必须围绕着这种技术设置，虽然使电子签名制度清楚和简明，但是忽略了技术不断发展、日趋多样化的事实。虽然公共密匙技术现在被普遍适用，但是已经有了生物测量法、动态电子签名等新技术问世。如果法律只承认公共密匙技术的效力，那么就可能与商务实践相脱节，被技术发展所淘汰。另一方面，法律完全不涉及电子签名技术也是不可能的，因为电子签名的问题不是法律简单地规定"电子签名与手书签名具有相同的法律效力"就能解决得了的，承认电子签名的效力就必须建立相应的认证机制，而一定机制总是与特定技术联系在一起的。

为了解决这个两难问题，《电子商务法》采取了折衷的办法，一方面规定了电子签名的一般效力，保持技术中立性，适用于以任何技术为基础的电子签名；另一方面，又对"安全电子签名"（即以公共密匙技术为基础的电子签名）作出了特别规定，并建立了配套认证机制。这一立法模式受到美国、欧盟等发达国家和地区的充分肯定。

（2）电子签名安全认证机构的审核

从世界范围看，安全认证机构的设置主要有两种途径：一种是由政府组建的或者授权的机构担任，以政府信用作为担保；另一种则是通过市场的方式建立，在市场竞争中建立信用。《电子商务法》采取的是后一种方式，即政府并不组建或授权安全认证机构，有能力的组织都可以进入安全认证的市场（境外的安全认证机构要进入其市场必须经新加坡政府管理机构的批准）。

安全认证市场管理方面规定非常严格。首先，规定政府任命一个安全认证机构的管理机构，负责许可、证明、管理和监督安全认证机构的活动。其二，规定所有从事安全认证业务（例如签发电子凭证）的机构都必须遵循的统一标准。其三，安全认证机构可以自愿向管理机构申请许可，管理机构的许可并不妨碍安全认证机构进入市场，但是得到许可的安全认证机构可以享受某种"优惠"，尤其是可以享受法律规定的责任限制。其做法是明松暗紧，既不把安全认证市场管死，又能把市场管住。

（3）安全认证机构的责任

安全认证机构在从事签发电子凭证，证明电子签名正确性的业务活动中，承担着很大的法律责任风险。例如，如果申请电子凭证的一方提供了虚假的身份信息，而安全认证机构没有发现，没有及时告知接收电子签名文件的一方，就需要承担责任。又如，当某个电子凭证已经失效，安全认证机构又没有及时告知对方，也需要承担责任。因此，各国电子商务立法基本都考虑到对安全认证机构的责任需要加以适当限制。新加坡《电子商务法》虽然没有为安全认证机构规定一般的责任限制，但是规定经政府管理机构许可的安全认证机构可以在其签发的电子凭证中说明其承担责任的限额，被许可的安全认证机构的责任风险实际上受到了限制。

2. 电子合同

新加坡《电子商务法》对电子合同的有效性作出了一般性规定，即合同成立的要约和承诺可以通过电子形式表达，合同的有效性不应仅仅因为合同采用了电子形式就受到影响。此外，该法还对电子合同的一些具体问题作出了规定，包括电子形式信息的发送，对信息接收的承认，以及发送和接收的时间和地点的认定等问题。这些问题在我国《合同法》中已有所涉及，但是《电子商务法》的规定更为详细。

3. 网络服务提供者的责任

新加坡《电子商务法》规定，网络服务提供者不应因其无法控制的第三方的电子形式的信息而承担民事的或者刑事的责任，即便第三方利用网络服务提供者的系统和网络传播了违法或者侵权的信息。这一规定与欧盟、美国等的立场完全一致，与国际发展潮流也完全一致。新加坡认为对网络服务提供者的法律责任风险加以限制非常必要，否则会损害本国新兴网络业的发展。新加坡的法律向来以严厉而著称，但是在保护网络服务提供者利益方面也顺应了国际潮流，采取了比较和缓的政策。

总之，新加坡《电子商务法》是一部开创性的较为成功的法律。新加坡勇于在美、欧立法之前颁布这样一部比较完备的电子商务法，说明新加坡在学习先进国家和地区的立法经验的同时，还具有敢为天下先的勇气。新加坡这部法律对我国规范和健全我国的电子签名机制尤其具有借鉴意义。

个案监督

"王码"专利是"优化五笔"而不是
"五笔"本身,"联想"在"五笔"
基础上的开发并非构成"侵权"
(1995 年)

郑成思

"五笔字型"汉字输入方法引起的专利纠纷从 1992 年底诉诸法院,至今已近三年。由于"王码公司"从中央到地方、从软件界到法学界,以递报告、发新闻、向意见不同的专家施压力等多种方式频繁活动,把这件本来很简单的专利纠纷,弄得越来越复杂。

据我所知:"五笔"与"六笔"汉字输入法及其与计算机键盘相联系(包括"五区五位"、"末笔识别"等),是叶楚南、郑易里等人于 1981 年之前通过书面形式公开发表的研究成果。依照专利法第 22 条,"五笔"本身因"已经发表过"而进入公有领域,不可能获任何专利;在其基础上开发的新汉字输入法,均不会发生侵权问题。

1992 年,王永民在"五笔"基础上开发出的"优化五笔",经 7 年审查(1985 年提出专利申请)被批准专利。从此之后，"五笔"专利官司始终不断。先是"王码公司"告"东南公司"侵权，接着是告"联想公司"侵权。据说，"王码"认为有 30 家公司均侵犯其专利，准备一一告下去。这一系列诉讼总的指导思想是：在王永民首次就"优化"的五笔获专利之后，任何在"五笔"基础上的开发与使用，均将构成对该专利的侵犯。

我对"王码"专利纠纷的看法是：

第一，王永民获得专利保护的发明成果（亦即通常说的"王码"），仅仅是"优化"五笔，而不是"五笔"本身。"王码公司"在广告宣传中，从不提"优化"获专利，而将整个"五笔"说成专利，同时把"五笔"与"王码"划等号，有意使广大用户误以为"王码"专利范围覆盖整个"五笔"。这样，就把"公有"领域的内容划入王永民的"专有"领域。对他人再开发更先进的汉字输入技术，这只会起阻碍作用。

第二，如果法院在判决中将"优化"部分所获的专利扩大解释为包含全部"五笔"，从而认定凡涉足"五笔"，均构成侵犯王永民的专利权。那么，有一大批美国公司正等待着要求享有与王永民一样的"国民待遇"，即要求中国法院必须同样扩大适用外国人的输入技术及其他数字技术在中国享有的专有权范围，进而把更多从事合法开发的中国软件企业认定为"侵权"。而我国数学技术领域的专利权又大部分是由外国公司掌握的，这对中国软件产业将起着毁灭性打击的作用。在目前发达国家的司法实践中，均是严格（乃至缩小）解释这类专利的保护范围，以免外国专利权人握有的专利阻碍本国软件业的进步。

第三，在任何专利纠纷中，认定或否定侵权只能"依法"，而不能片面"照顾"当事人的地位。如果从维护王永民的"全国劳模"、"国家级专家"地位出发，决定扩大其"优化"部分的专利保护，将"联想"及相同情况的开发者认定为"侵权"，那么同样是"全国劳模"与"国家级专家"的"联想"总工倪光南等，又应如何对待呢？如果仅考虑王永民已将专利（实质上仅是"优化"专利）许可给一批外国公司，不应使外汇收入受损，那么被误定为"侵权"的"联想"等已在全世界汉字应用地区均占有的市场，所受损失又如何计算呢？况且，"王码公司"与"联想"（加上将被诉"侵权"的其他30家公司）哪一方面对国家的贡献更大，更不应受到损失，是不言自明的。所以，如果不"依法"，而依其他因素判案，只会加剧不平衡。我们必须肯定王永民开发出"优化"五笔的历史功绩，但不应使"肯定"超出合理限度，以致否定更多人的智力成果。

目前，我国像"王码公司"这样通过向领导层、专家层和新闻界做工作以影响司法程序的事，并不罕见。但由于"王码"纠纷涉及数字技术专利的保护范围，从而涉及专利制度怎样才能推动，而不是妨碍我国科技的发展，故不可把它与其他同样有当事人干预司法程序的纠纷同等地轻看了。

我建议：由最高人民法院主管专利审判工作的院级领导，主持召开专家讨论会，充分发表意见，弄清法律问题，明辨是非，依法对这一纠纷作出妥善处理，以避免给中国的软件产业、给中国的对内及涉外知识产权保护留下难以治愈的创伤。再有，专家讨论会不妨有专利局的领导参加，他们更了解情况；但不应有律师参加。"王码公司"在其法庭上散发的宣传品及6月中旬的一份《首都市场信息报》中，已将作为其代理人的某家律师事务所的律师，均说成是"真正的专家"，而发表过不同意见的专家，则被说成"黑幕"中的"所谓专家"。这已经在社会上引起了很大的反响。电子界、信息产业界、软件界及知识产权法学界的人们，都不安地关注着这件被人为复杂化了的专利纠纷的发展。

国外的知识产权权利人也急迫地等待着有利于他们进一步压制中国合法企业的判决结果。

审判制度改革建言

对民事审判制度改革的一点建议（2000 年）

郑成思

最高人民法院在最近的民事审判制度改革中，将本来即应属于民事领域的原经济庭、知识产权庭等等，均归入民事审判庭（民二、民三、民四等），是完全正确的，从总体上理顺了民事审判制度，这是一个很大的进步。它不仅顺应了国内司法改革的实际需要，而且与世贸组织各项协议所要求的执法体系（结构）更靠近了。

最高法院在完善与完成这次重大的审判制度改革过程中，应注意切勿重犯过去曾经多次犯过的"一刀切"错误，以使本来按照正确方向的改革出现偏差，乃至走回头路，或走一些国家几十年前及上百年前走过的弯路。

知识产权审判毫无疑问主要属于民事审判。但由于知识产权侵权与确权中的独有特点（例如，一部分重要的知识产权，如专利权、商标权，是"经行政批准方才产生的民事权利"），多数知识产权保护较有效的国家，如法国、德国、英国、美国等主要两大法系国家，均是由特定的民事审判法院（或法庭）全面受理及裁判与知识产权侵权、确权乃至合同等纠纷相关的一切民事、行政及刑事案件，而绝不会仅仅把这种特定民事审判机构的职能仅限于知识产权的民事纠纷，却将侵权严重构成刑事或确权中的行政案件推转给一般的刑事、行政审判机构去做。主要原因是知识产权案件技术性、专业性过强，而把具备这种技术及专业知识的审判人员集中在特定的知识产权审判机构中（不分散在民、刑、行政等各种不同的审判机构中），一是节省人力财力，二是避免出差错。由于对相应知识产权的技术性、专业性不熟悉，刑事、行政审判机构出差错是难免的。

不仅主要国家均是这样做的，而且在世贸组织的"知识产权协议"中，主要规范"知识产权执法"问题的"第三部分"，在大量条款涉民事程序的同时，也涉行政、刑事程序，尤其把"行政机关裁决后，当事人不服而要求的司法复审"，作为知识产权民事审判不可缺少的补充。由知识产权庭或相应的知识产权法院，越出"民事审判"的范围，一并受理涉知识产权的行政与刑事诉讼案，已经是实实在在的国际惯例。

如果最高法院的民事审判改革后，"民三庭"（即知识产权审判庭）被"一刀切"地定为与其他几个民庭一样，只审理民事案，凡进入行政、刑事领域，案件即转归行政、刑事审判庭，那么，在整个改革向国际惯例靠近的进程中，民三庭的改革就离国际惯例越来越远了。近几年，北京高院知识产权庭已尝试受理涉知识产权的行政诉讼案

（主要是当事人诉专利局），效果明显好于将这类案子转给并不熟悉专利的行政审判庭。上海浦东法院甚至更大胆地尝试将涉知识产权的民、刑、行政案均由知识产权庭受理，这实际已经与国际接轨了。"一刀切"式的"改革"如果贯彻到这些法院，实质上就是走了回头路。

最近修订的《专利法》，已把专利最终确权的权力给了法院；《商标法》的修订也准备作同样的改革。将来当事人到法院诉专利局、商标局及相应的复审委员会的案子，将均由法院有关审判庭处理。我们是走多数国家及国际条约所走的路，还是坚持"一刀切"，规定民三庭仅有职权审涉知识产权的民事案子，而在刑庭、行政庭中再各备一批熟悉专利、商业秘密、版权、商标及新出现的域名、网络等等的审判人员，使我们审判人力分散、差错率不断上升？这是国内外十分关注，尤其是国内知识产权权利人所关注的。

希望我国立法、司法机关领导进一步了解国外的普遍做法、国内原有审判经验中的得失，认真研究一下，是否民三庭（及各级法院相应的知识产权庭）可以作为我国民事审判机构的一个极特殊的庭（亦即国外较一般的并非只审民事案的庭）？是否在这个问题上以不搞"一刀切"为宜？民、刑、行政审判分开，总的是对的。但辩证法在一般承认"非此即彼"时，也在特殊情况下承认"亦此亦彼"。这是恩格斯在一百多年前就多次强调的。在 1979 年有刑法而无商标法时，刑法中的商标专用权保护条款就曾使商标权在 1979 年至 1983 年成为一种"依刑法产生的民事权利"。我们最近一段时期经常谈到"入世"以及与 WTO 接轨的问题，却很少有人注意到：完全处于国际民商事领域的 WTO、旨在规范国际领域财产流转制度的 WTO，却在（而且仅仅在）其众多协议中的知识产权协议（即 TRIPS 协议）中，对司法审判程序中的民事、刑事、行政不同程序，统一作出了规定。从法理来看，民商事国际条约却涉及行政、刑事，是不是"文不对题"或"名实不相符"？实际这正是国际条约实事求是地解决问题，而不是"因名废实"的例证。而认为"民"三庭却受理涉知识产权的行政、刑事案件超出了"民"的范围，名实不符等等，正是较典型的因名废实，也与 WTO 难以接轨。

编 后 记

　　曾经跟郑成思先生一起在全国人大法律委员会工作过的多位朋友跟我多次谈起过，郑先生生前参加有关立法工作，不仅积极地参加他所十分熟悉的知识产权相关立法工作，还对制订《物权法》等发表过许多十分精彩的法律意见。朋友们建议我，可以到相关立法部门，把郑先生当时的发言找出来，编辑成书，一定很有价值。我觉得这些建议很好。我自己也曾撰文呼吁过，人大代表参政议政应当制作立法记录。如果从收集郑先生在人大的发言入手，或许能够获得对相关实践活动的第一手资料。将郑先生在人大的发言整理出版，这不仅是对郑先生的一个纪念，也是为世人留下一份宝贵遗产。

　　我把这个想法跟法学所领导做了汇报，立即得到了同意和支持。于是，今年初，我草拟了一份给全国人大法律委员会的公函，按照程序，发出传真，寻求全国人大法律委员会的帮助。不久，法律委员会研究室的一位同志给我电话，告诉我有关领导对此事很重视，指示他提供帮助。但是，这位同志告诉我，经过他查找翻阅有关档案材料，郑成思先生在 1998 年 3 月至 2006 年 9 月担任全国人大法律委员会委员期间，他参加有关立法活动的发言有记录，但是，为当时技术条件所限，有关记录均比较简单、零散，仅仅利用它们编辑出版是不够的。

我非常感谢法律委员会的回复，但还是感到有一些遗憾：郑成思先生以及其他参加我国立法工作的人大代表在履职期间的真知灼见如果有完整的记录，在适当的时候把它们整理、编辑、出版，对我们掌握有关立法精神、公正执法、开展法学研究，以及推动国家的法制建设，是多么有意义啊！

今年五月，我碰到中国社科院科研局的刘白驹老师，跟他谈到此事。白驹老师很快明白我的想法，当即跟我说，郑成思先生作为社科院的研究员，写过很多研究报告、立法建议等，篇章不少，郑先生在人大的发言内容，很多都是源自这些书面文章、报告、建议，完全可以先把它们收集在一起，编辑出版。这真是一个好主意！

为了能够尽快、顺利、完整地收集到郑成思先生的这批宝贵资料，我求助于中国社科院计算机网络中心的刘逊老师。刘老师以极高的热情投入这项工作，在短短几天时间里，在中国社会科学院办公厅白晓丽老师及张菊等同志的帮助下，利用他在院部工作的便利，加上社科院其他朋友的帮助，他便找齐了有关目录、部分发表文章原件和电子版资料。这给我完成最终的编辑工作提供了便利条件。

在这项工作开始之初，我抽空看望了郑成思先生的夫人杜丽英女士。对于我收集整理《成思建言录》的想法，杜女士表达了全力支持的意思。在本书编辑过程中，杜女士还通过女婿询问本书编辑工作进展，询问还需要哪些帮助。

本书的顺利出版得到了北京世纪超星信息技术发展有限责任公司董事长史超先生的帮助。他对我说，跟出版郑成思先生著作有关的任何事情，他都愿意给予支持。知识产权出版社的编辑龙文先生，为了本书出版，在录入、排版、版式设计等方面付出了辛苦劳动。

郑成思先生生前是我在中国社科院法学所的同事，也是我的博士论文指导老师。为郑先生编辑这本书，是我份内的工作，也是我个人的荣幸。

还需要说明的一点是，为了保存历史原貌，我在编辑这本书稿的过程中，仅对其中个别明显的黑白标点、文字错误进行了加工处理，有些篇目下加有"编者注"，其他地方未作改动。请广大读者阅读时注意。

谨对给予本书编辑出版提供各种帮助的老师、同事、朋友以及郑成思先生的家人表示感谢！

周 林

2011 年 8 月 16 日